新计
创设
设道
之

罗仕鉴　王铳与　张德寅◎著

ZHEJIANG UNIVERSITY PRESS
浙江大学出版社
·杭州·

图书在版编目（CIP）数据

创新设计之道 / 罗仕鉴，王锐与，张德寅著.—杭州：
浙江大学出版社，2022.7（2024.7重印）
ISBN 978-7-308-22785-8

Ⅰ. ①创… Ⅱ. ①罗… ②王… ③张… Ⅲ. ①制造
工业－企业升级－研究－中国 Ⅳ. ①F426.4

中国版本图书馆CIP数据核字(2022)第111618号

创新设计之道
CHUANGXIN SHEJI ZHI DAO

罗仕鉴　王锐与　张德寅　著

责任编辑	闻晓虹
责任校对	汪　潇
封面设计	雷建军
出版发行	浙江大学出版社
	（杭州市天目山路148号　　邮政编码　310007）
	（网址：http://www.zjupress.com）
排　　版	杭州林智广告有限公司
印　　刷	广东虎彩云印刷有限公司绍兴分公司
开　　本	889mm×1194mm　1/32
印　　张	8.5
字　　数	165千
版 印 次	2022年7月第1版　2024年7月第3次印刷
书　　号	ISBN 978-7-308-22785-8
定　　价	52.00元

前　言

万物更继，革故鼎新。

世界从二元空间（物理—人类）到三元空间（信息—物理—人类），再进入四元空间（信息—物理—机器—人类）。在四元空间和数字经济时代，新一代群体的消费观念也产生了深刻的变化，全球的产业都面临着如何转换思维，如何创造新的想象空间、新的场景体验和新的科技美学，如何借助新技术、新工具、新平台实现转型升级等共性问题。

科技和行业不断快速迭代，颠覆了人们的生活方式。人工智能、元宇宙、数字孪生、云原生、5G、VR、AR 等技术飞跃式发展。工业 4.0 的发展使设计产业进入设计 4.0 时代，太多新技术、新产业、新业态和新模式如雨后春笋般涌现，直播卖货、外卖到家、社区团购、线上商超、数字支付、城市大脑、无人配送……在多元消费场景下，信息技术的发展使产业服务的创新设计模式发生颠覆性变革。创新设计模式由产品软硬一体化的整合竞争，逐步走向服务场景整合、用户体验提升、设计生态系统构筑、社会和产业价值共创等形式，设计驱动创新正引领产业高质量发展，推动制造业的转型升级，逐步推进中国产业与工业化、信息化、智能化、市场化及国际化融合。

过去十年是中国企业在双循环赛道实现弯道超车的十年。中国工业实力显著增强，截至 2021 年，中国制造业全球占比规模约 28%，居世界第一；中国工业制造体系完善，已成为拥有联合国全部产业门类的唯一国家；中国制造从加工制造装配为主的"世界工厂"向自主研发核心技术提速升级，向全产业链上下游发展。我国通过物联网、5G、6G、线下工厂、代工网络、物流配送、快递系统等基础建设的不断搭建布局，为智慧城市、智慧教育、智慧医疗、智慧交通、新材料、新能源等领域全面实现数字经济布局注入新活力。

中国企业在新一轮科技革命与产业变革中飞速蓬勃成长。2021 年，《财富》世界 500 强企业排行榜发布，中国以 143 家企业数量位居世界第一，中国企业整体实力不断攀升。过去 10 年时间，新一代的创业者正在大放异彩，我们不仅有华为、腾讯、阿里巴巴、美团、京东、百度、中国中车、中国商飞这样的头部企业，也有很多如字节跳动、大疆、小米、蔚来、小鹏、拼多多等年轻但后劲十足的"中国新名片"在世界舞台上脱颖而出。

工业正在成为推动我国制造业高质量发展的重要动能。党的十八大以来，我国推动制造业由大变强，成为建设现代化经济体系的重要组成部分。我国已迈入创新型国家行列，大国重器、硬核科技不断涌现。C919 大型客机赢得全球首个正式购机合同；北斗卫星全球组网成功，进一步造福人类；嫦娥五号成功完成我国首次地外天体采样返回任务，带回备受瞩目的"月球土特产"；海斗一号实现最大下潜深度 10907 米，成功坐底马里亚纳海沟，中国无人潜水器取得世界级成果……诸如此类的国之重器，标志着"中国品牌"正通过"中国设计"向"中国智造"大踏步前进。

历史经验证明，一个国家的工业设计越活跃，其工业创新能力与市场竞争能力就越强；工业化程度越高，制造业基础实力就越强。工业设计已成为新时代我国的重点布局领域。2021 年 12 月，工信部会同国家发改委、科技部、财政部等共 19 个部门联合发布《"十四五"促进中小企业发展规划》，其中重点工程明确提出推动工业设计赋能中小企业，重点内容包括支持设立工业设计工作室，培育一批中小型工业设计机构，发挥国家级工业设计中心、国家工业设计研究院等工业设计机构作用，提升工业设计服务能力和水平。

为深入实施新时代人才强国战略，促进数字经济新旧动能转换，培养造就一批创新领军人才和一流创新团队，工信部人才交流中心与中国工业设计协会共同主办了"工信部企业经营管理领军人才工业设计高级研修班"，隶属"国家企业经营管理人才素质提升工程"——《国家中长期人才发展规划纲要（2010—2020 年）》

部署的 12 项国家重大人才工程之一。

2019—2020 届工业设计领军班由中国工业设计协会用户体验分会组织实施。本人有幸担任领军班导师，深深感受到领军班企业的可爱与魅力。他们是一群具有开拓创新精神的领军企业家，致力于推动中国产业创新协同发展。他们领导的一大批企业在全球市场崭露头角、为国争光，实现了设计、市场、制造、研发和品牌的全球化升级，不断向前沿创新领域迈进，展现出独具中国特色的创新力量风貌！

本书参考并剖析了大量国内外先进的创新模式，得到了中国工业设计协会和领军班企业的大力支持与帮助，在此要感谢中国工业设计协会和所有领军班导师、学员与团队，特别要感谢提供案例素材的企业伙伴们。同时，也向所有被引用资料的作者和团队表示衷心的感谢！最后，浙江大学出版社的闻晓虹编辑对本书的修改和出版给予了大力支持，在此一并表示由衷的谢意！

衷心希望本书所展示的企业创新模式和创新设计实例能为企业转型升级带来实际借鉴和参考价值。信息时代下行业和知识更新速度较快，我们深知自身能力和全局视野有限，本书难免有待完善之处，热诚欢迎各位读者朋友提出宝贵意见。祝愿中国的企业能继续保持创新的热情，在创新的道路上持续前进，助推全面实现"中国智造"！

2022 年 3 月于求是园

|目 录|
CONTENTS

第三部分　蓄势·创新设计之略

第一部分

思变·创新设计之变

PART 1

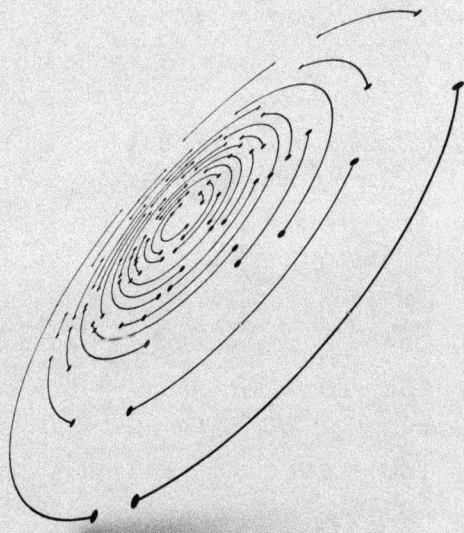

古往今来，创新都是企业发展动力不竭的源泉。思变，"变"既是变革，也是趋势。科技在变革，产业在变革，世界格局在变革，各国战略在变革……而如何去思考变革、拥抱变革、顺应变革正是当下企业应该思考的问题。

近年，伴随着制造、文创、IT等领域的重大科技突破，世界范围的新技术、新产业、新业态、新模式不断涌现，成为"四新"经济。随着《制造业设计能力提升专项行动计划（2019—2022年）》《中华人民共和国国民经济和社会发展第十四个五年规划和2035年远景目标纲要》等一系列文件的出台，制造业创新愈发得到国家战略层面的高度重视。而制造业设计能力是制造业创新的重要组成部分，无疑，聚焦"四新"经济，运用创新设计手段是推动我国制造业转型升级的关键路径和核心内容之一！

有目共睹，中国企业的国际影响力与日俱增，华为、阿里巴巴、腾讯、小米、迈瑞、大疆等中国企业实现了海内外销量和口碑的双丰收，在国际舞台上获得了极大认可！这离不开国家和政府发展方针的布局，也离不开中国人民多年来辛勤耕耘、同心共创的努力。一方面，企业、品牌或产品的成功不仅需要决策者注重企业的技术研发和转化，更要关注产品核心竞争力的持续提升，合理地将工业设计驱动的创新与技术驱动的创新相结合，在产品需求与功能、方式与形式、外观造型、用户体验、服务设计等方面开拓创新，推动产品升级，引导消费升级；另一方面，企业应致力于将创新设计与企业管理、商业战略等顶层设计紧密结合，齐头并进，实现产业转型升级，推动中国成为制造强国！

第1章 | 世界产业发展现状

当今世界，综合国力的竞争主要是国家经济和科技实力的竞争。随着科技的日新月异，世界产业的格局平静之下暗流涌动。2021 年，凯度咨询公布 2021 年全球最具价值品牌排行榜[1]，列出了全球范围最具综合价值的前 100 强品牌，从中可以洞悉一些产业界的现状和趋势。

全球最具价值品牌排行榜的 10 个亮点

亮点 1：全球品牌，科技领先

根据榜单，全球最具价值品牌大多来自科技相关行业，且在前 10 名中，与科技相关的企业占了 7 个，分别是亚马逊、苹

---

[1] 下文关于2021年全球最具价值品牌排行榜的相关数据及内容皆来自凯度咨询。

果、谷歌、微软、腾讯、脸书（现已改名"Meta"）、阿里巴巴。科技型企业成为重要的创造力价值发源地，科技创新成为经济发展新引擎。

亮点 2：开放式创新 DNA 为品牌增效

榜单显示，亚马逊品牌价值增长了 64%，近 6840 亿美元，卫冕榜首。自 2006 年首次进入凯度 BrandZ™ 全球最具价值品牌排行榜以来，亚马逊本次的品牌价值增长幅度达到最大值。

亚马逊 1994 年以电商起家，起初只经营线上的图书销售业务，今天，其电商属性依然显著，但其业务和新商业模式的延展脚步从未停止。亚马逊大量投资布局物流体系，不断在机器学习、云计算、人工智能和机器人等关键技术领域发力，已从电商平台发展到多种业务并进，开发了一系列颠覆消费者生活方式的产品，如电子书阅读器 Kindle、AWS（亚马逊云计算服务）、智能语音助手 Alexa、Prime Air 无人机等。

技术开放在科技发展进程中是较为普遍的现象，阿里巴巴、腾讯、亚马逊、微软和谷歌都是如此。"开放式创新"被亚马逊运用得轻车熟路。亚马逊是技术开放的典型，亚马逊的工程师们把一些很好用的运维工具、管理平台、资源分配工具等都开放出去，这样有利于将自身技术开放出去，扩张市场，同时经受市场考验后将现有的工具技术、存储能力复用，既能提升自身整体技术实力，又能通过商业化带动业务收入增长。

勇于打破自身边界，开放式多维发展。亚马逊创新已超越电商单一行业和地域限制，成为全球科技浪潮中一个特立独行的存在，在全球化创新布局中形成了特色创新生态体系。亚马逊已连续三年被商业杂志*Fast Company*评选为"全球最具创新力公司"。

亮点3：设计创新为品牌持久赋能

最近几年，啃品牌情怀老本的苹果不断被用户质疑创新乏力，被诟病"挤牙膏式创新""换外壳创新""价格创新"，一度被中国手机品牌华为、小米等瓜分了不小的用户市场。苹果虽不复当年神话，不能如乔布斯时代开天辟地式地创新，但如今的"库克模式"也不容小觑。该模式将具有市场潜力的产品优化且做到了极致，延续了苹果的商业价值。

苹果在以颠覆式创新设计引导消费升级方面开创出一条值得借鉴的路子。苹果并非单一地依赖于以用户反馈和需求为导向的创新，而是勇于打破常规，如不可拆卸电池、越来越小的SIM卡设计，玻璃加金属的"三明治"机身设计则成为手机行业的潮流美学。

苹果对硬件设计美学的苛刻要求和对用户体验设计的不断开拓创新使其具备了别的品牌没有的竞争力。如指纹解锁、Face ID、iCloud云存储服务增强了iPhone的用户黏性，Apple Watch不但方便接听手机来电，同时与健康、运动相结合，使

个人健康数据可视化。这些功能的整合创新设计不但使用户体验大幅提升，同时增强了消费者对苹果全线产品便利性的依赖，使消费者最后购置了"苹果产品全家桶"。

苹果凭借一己之力改变了行业和用户的习惯，除提及的设计和功能外，iOS系统在交互流程和使用体验上更是具备很高的稳定性、持久性和流畅性。2021年3月31日，在普华永道2021年全球市值100强上市公司排行榜中，苹果在全球上市公司中以20510亿美元位列榜首，持续释放强劲势能。

亮点4：中国创新力量势不可当

2011年，中国品牌合计贡献了凯度全球最具品牌价值100强的11%，2021年这一比例已升至14%。与之相反，欧洲品牌在2011年时的份额为20%，而今仅8%。中国企业的创新力和品牌价值已遥遥领先于欧洲。

中国共有18家企业上榜，包括腾讯、阿里巴巴、美团、京东、TikTok（抖音海外版）、平安、华为、海尔、小米、百度、拼多多、滴滴出行、贝壳等。其中，开创"社交+电商"模式的拼多多、科技驱动的新居住服务提供商贝壳是首次上榜。

阿里巴巴为不计其数的商家提供了全新的技术基础设施和新式营销平台，颠覆了传统的经营模式，提升了商家的销售效率和利润，增加了企业与客户的近距离多维互动，促进了运营策略、原创科技、商业模式、管理组织和企业文化等的改革，为行业和企业树立了教科书式的模式创新典范。阿里巴巴最初

2021 年凯度 BrandZ™ 全球最具价值品牌 100 强

	品牌		品牌
1	亚马逊	51	中国工商银行
2	苹果	52	ZOOM
3	谷歌	53	INTUIT
4	微软	54	领英
5	腾讯	55	开市客
6	脸书	56	古驰
7	阿里巴巴	57	AMD
8	VISA	58	塔塔咨询
9	麦当劳	59	XBOX
10	万事达卡	60	沃达丰
11	茅台	61	美国运通
12	英伟达	62	富国银行
13	VERIZON	63	RBC
14	AT&T	64	丰田
15	IBM	65	海尔
16	可口可乐	66	HDFC BANK
17	耐克	67	奔驰
18	INSTAGRAM	68	中国移动
19	贝宝	69	百威
20	ADOBE	70	小米
21	路易威登	71	宝马
22	UPS	72	戴尔
23	英特尔	73	LIC
24	NETFLIX	74	摩根大通
25	家得宝	75	西门子
26	SAP	76	联邦快递
27	埃森哲	77	百度
28	甲骨文	78	优步
29	星巴克	79	阿迪达斯
30	沃尔玛	80	CHASE
31	XFINITY	81	拼多多
32	万宝路	82	SNAPCHAT
33	迪士尼	83	ZARA
34	美团	84	宜家
35	德州仪器	85	UNITEDHEALTHCARE
36	SALESFORCE	86	LOWE'S
37	高通	87	友邦
38	SPECTRUM	88	NTT
39	YOUTUBE	89	欧特克
40	香奈儿	90	TD
41	思科	91	ORANGE
42	三星	92	DHL
43	爱马仕	93	滴滴出行
44	京东	94	中国建设银行
45	TikTok	95	帮宝适
46	DEUTSCHE TELEKOM	96	贝壳
47	特斯拉	97	澳大利亚联邦银行
48	巴黎欧莱雅	98	美国银行
49	平安	99	SPOTIFY
50	华为	100	高露洁

类似于亚马逊或 eBay 主营零售，后期在数据和流量共享的基础支撑下，商业模式更加多元化。阿里巴巴借助互联网平台、数字技术、系统化思维和设计等，为大众生活勾勒出美好的蓝图，催生了手机淘宝网、天猫、蚂蚁金服（支付宝）、虾米音乐、钉钉、闲鱼、菜鸟网络、盒马鲜生等颠覆生活方式的互联网产品，为生活、教育、娱乐、游戏、金融、交通等领域带来革新，使消费者生活产生了历史级别的变革。

同样致力于改善大众生活的美团，诞生于 2010 年，如今通过业务拓展，已拥有电影、餐饮、酒店、旅游、出行、购物等多个产品线，对社会和生活形成全方位的环绕服务。美团的成功，与决策者敏锐的互联网市场嗅觉及团队成熟的运营能力有重要关系。

1984 年创立于山东省青岛市的海尔，始终以用户体验为中心，聚焦智慧、生态、场景，整合全球优质资源，开放创新全球设计体系，摸索出一条符合自身情况的发展之路。早在 1994 年，海尔已成立专门的创新设计中心，是中国第一家企业工业设计中心。如今，海尔拥有大而完善的设计团队，成员来自欧、美、日、韩等不同国家和地区。海尔设计中心围绕用户需求，加大创新成果研发，在全球范围内拓展创新设计体系，整合全球优质创新资源，涉及领域涵盖造型构成、色彩材料、用户界面、用户体验、品牌策略、技术整合、虚拟仿真等。海尔注重研发创新，获得 iF、红点、IDEA 等国际设计大奖 400 余项，连

续三届获工信部"中国优秀工业设计奖金奖",持续引领全球智慧生态和生活场景及消费升级,构建创新生态圈,赋能各行业转型升级,如今已成为全球大型家电领先品牌。

根据全球调研机构 Counterpoint Research 2021 年 6 月的数据,小米以 17.1% 的市场占有率超越三星(15.7%)和苹果(14.3%),成为全球第一大智能手机品牌。中国手机在国际市场占据的份额不容小觑。

小米能在世界范围内崛起,源于很多因素,如大众消费的市场定位策略,高性价比的技术参数配置,简约大方又细致雕琢的工业设计造型,以及"AI+IoT"(人工智能+物联网)的技术路线、合众孵化的小米生态链布局等。此外,小米也将智能家居概念充分玩转落地。在国内手机厂商中,小米是最先布局物联网的企业,智慧互联产品概念几乎覆盖了客厅、厨房、卧室等全部日常家居场景,使小米的产品具有全方位的用户黏性,逐渐增强了市场竞争力。此外,小米的经营之道、文化塑造也是其市场份额持续增长的原因。短短 10 年,"裂变"的小米在物联网里完成了"蜕变"。

亮点 5:与时俱进,不局限、不定义的灵活创新模式

谷歌处处求新求变,时时保持着旺盛的创新活力。谷歌是以技术主导的开放式创新,不制定规则,其产品在技术和功能设计方面,独具专业优势,应用领域涵盖智能穿戴、无人驾驶、

地图、翻译、浏览器等。

谷歌在两方面做了重大创新：核心搜索引擎，关键字广告的商业模式。依靠广告这条生命线，谷歌增长势头依然强劲。2021年第四季度财报显示，广告收入612.39亿美元，占总营收的81.3%，高于2020年第四季度的461.99亿美元，同比增长32.6%。谷歌以互联网搜索引擎广告为主线，实现和其他业务多赢的总局面。如今的谷歌无论业务服务都已超越了互联网范畴。

谷歌对市场需求的挖掘通过大数据实现。Gmail、Google Online Office等拥有大量用户使用习惯的一手信息，使谷歌能针对性地对产品进行创新、开发和迭代。在产品初步成形后，谷歌推出试用版给外部用户试用，并根据用户反馈对产品加以优化迭代，从而实现最终产品的市场化。谷歌浏览器从2012年底开始在同类产品中排名第一，在这数年中，打败了IE、Firefox、Opera、Safari、傲游等。谷歌浏览器的重要创新在于简洁的界面设计、便捷的用户操作和标签页设置等，其很多实用功能都为其他浏览器所借鉴。

微软是国内外企业发动数字创新的关键技术力量。微软作为科技巨头稳健寻求创新的代表之一，目前已形成客户沟通、员工赋能、运营优化、产品转型等一套闭环的创新模式，为未来零售行业数字化转型起了重要助推作用，帮助企业在食品、零售、医疗、制造业、能源、汽车等行业实现数字化创新。通过 Dynamics 365、Azure 云平台、HoloLens、Teams 等一系列创造创新应用的技术和产品，可以发现催化国内外资企业发动"中国式创新"的神秘力量，正是微软。

除了谷歌和微软，国外还有一个社交网络巨头保持了强大的增长势能——脸书。

脸书的用户数量开始爆发式增长始于 2009 年。2011 年，脸书用户数已远超交友网、聚友网和推特等同类产品。脸书官方 2020 年第一季度的数据显示，脸书全球日活跃用户量已达 23.6 亿，用户数量在全球甚至超过 30 亿！

从上市以来，脸书一直保持着较匀速的增长，这不仅源于其强大的数据分析能力、对产品和业务的精准布局、对流量效率的测算能力和产品技术人员的执行力，还得益于它的增长团队（Growth Hacking），团队主要依靠精细化的大数据分析运作产品的精准营销。巨量的用户和商家大数据搭配计算，配合强大的推荐技术，脸书可以向用户投放较精准的广告，投放效率越来越高之后逐渐形成行业壁垒，广告可以不断卖出很好的价格。脸书为投放的广告主带来了极高的转化效率，用户规模也逐渐扩大。

2021 年 10 月，为专注构建全新、多元的互联网社交媒体形式的元宇宙新业务，脸书宣布正式更名为 Meta。目前，Meta 致力于用语音生成虚拟世界的人工智能深度研究，以推进不同语言之间的翻译，改善人与语音助手的互动等。

亮点 6：从用户出发实现突破

2021 年，麦当劳在中国的门店数量突破 4000 家，在美国更是超 1.3 万家。麦当劳将整合数字、数据分析、市场营销、餐厅发展和运营等部门，形成新的部门，致力于收集、统计用户消费数据，以此了解用户的订餐习惯偏好，从而提升餐厅的销量。此外，餐饮界有个打趣的说法，搞创意设计是麦当劳的第二业务。麦当劳不仅在产品营销和品牌宣传方面做得到位，创意设计也很用心。金色拱门的设计并非一拍脑门，而是经过调研分析，发现金色拱门和明亮红色的设计较容易让顾客辨认，带来食欲和幸福感。麦当劳儿童套餐赠送给儿童的玩具也是精心设计的服务策略之一。从品牌塑造、服务设计、视觉系统设计到大数据分析，麦当劳均经过精细考量。2022 年 4 月 18 日，麦当劳以近 1900 亿美元的市值雄踞世界餐饮行业头把交椅。

增加用户黏性的方式有很多种，打通线上线下社交是其中之一。星巴克常组织社群用户参加线下社交活动，如种植多肉、宠物主题日、咖啡教学、万圣节派对等，人气颇旺。同理，蔚来也将用户聚集到线下，如组织车主见面会、小型活动沙龙等。企业和用户"做朋友"，利用熟人社交促进社交留存，提升品牌的"人情味"，培养用户对企业的信任度。同时，挖掘潜在的 KOC（关键意见型领袖消费者），帮助改进产品迭代体验和促进用户做购买决策，均有利于提升用户黏性。

亮点 7：企业不但要走得快，还要走得稳

在品牌价值增速排行榜中，2021 年增速最快的品牌是特斯拉，抖音位列第二，拼多多和美团紧随其后。特斯拉的品牌价值较一年前增长了 275%，达 426 亿美元。凭借优秀的工业外观设计、极致的用户体验、精准的市场价格定位以及生态的产品营销策略，尤其是以软件为主的用户体验设计，特斯拉成为 2021 年全球畅销电动汽车"领跑者"。

增速排行前 10 名的品牌中，4 个品牌实现了超 100% 的价值增长。除特斯拉外，其余 3 个互联网科技相关企业拼多多、美团和字节跳动的 TikTok 全部来自中国。

短视频是近年网络视听的一大新兴业态，传播速度快、影响范围广、进入门槛低、参与人数多等特点使短视频在短短的几年间用户量增长速度惊人。2022 年，中国互联网络信息中心（CNNIC）发布第 49 次《中国互联网络发展状况统计报告》，数据显示，2018—2021 年我国短视频用户规模持续增长，截至 2021 年 12 月，我国短视频用户规模已经达到 9.34 亿，占整个中国网民规模的 90.5%。抖音、快手、小红书、火山小视频、微博、微信等平台的短视频业务相当火爆，更是衍生出电商、直播带货等多种业态。中国社会科学院新闻与传播研究所主持编撰的《中国新媒体发展报告（2020）》指出，直播和短视频处于黄金发展赛道。网络短视频已发展成为我国一种全民参与、

300 %

250%

200 %

150 %

TikTok

拼多多

100 %

美团

UNIQLO lululemon 京东

50%

0 %

2021 年凯度 BrandZ™ 全球最具价值品牌排行榜中增速最快的 10 个品牌

生产、创造、共享的文化现象。

抖音是字节跳动的一款音乐创意短视频社交软件。2016 年上线的抖音通过推荐算法为视频自媒体创作者破局，虽是年轻企业，但野心很大，势头很猛，旗下同时运营着数十款产品，从资讯、游戏到房产、教育等，横跨多个领域，业务范围十分之广。2021 年，仅上线四年的抖音日活跃用户数量冲破 6 亿！其用户量远超脸书和 YouTube，成为横扫全球的"时间熔炉"。

较之传统的"科层式组织+流程分工+管控驱动"模式，字节跳动的人才管理主要通过"人才信息同驱"这一新型模式进行。首先，打造"快速进化"的组织创新模式，通过整合的数字化工具支撑"人才管理""信息流动"两大子循环。为鼓励人才持续成长和探索产品价值，字节跳动提倡对员工实行以信任为基础的"去层级化"的扁平化管理，借助内部的飞书平台，实现更高效的创造、分享，使组织的每个个体都能以信息决策链条的最佳配置效率自主聚合，从而形成自驱迭代的决策社群，每个个体在其中都能竭尽全力地自由抒发和碰撞思想。"人才"与"信息"双管齐下驱动的组织发展模型能激发全员分布式决策的动力，有助于提升组织内的信息流转效率，从而提升企业高速创新迭代的能力。

原本大多用在产品研究阶段的"A/B 测试法"被字节跳动巧妙运用到品牌策略中，从产品命名到交互设计、算法推荐，甚至"抖音"这个名字的由来都经过了 A/B 测试，算是字节跳动增长的"秘密"之一。

此外，在增速排行前 10 名中表现亮眼的中国企业还有电商平台京东。2021 年，中国科技企业的势头不可小觑。

亮点 8：商业策略引爆消费

2021 年 10 月，拼多多市值约 1200 亿美元，虽不及腾讯、阿里巴巴，但从创立到达到这个市值拼多多只耗时 6 年。拼多多成功的重要原因之一是商业模式的创新——独创了社交拼团模式。

最初阶段的拼多多为吸引商家入驻用了很多策略，如免费上首页、免除佣金等，这些是当时的淘宝、京东无法提供的，于是开始有大量商家涌入拼多多平台。从运营的角度看拼多多是成功的，独辟蹊径走下沉市场，致力于服务普通消费者，以百亿补贴、农货上行、产地好货等策略，从三线及以下城市用户入手，以低价消费增加市场份额。

类似的案例还有美团。美团的酒店业务在早期扩张中也从下沉市场中获利。美团凭借外卖等基础业务的流量优势，复刻外卖市场打法，避开了同行业携程主打的商旅用户高端市场，曾经使美团的间夜数超越旅行酒店的行业巨头携程。此外，科技创新也为美团带来了巨大的增值空间，成为美团新增长点最有力的武器。依托各大巨头的线上电商平台和线下供应链体系，美团在大众消费的吃穿住用行等方方面面不断突破自身边界，探索新模式。

2019年后，新冠疫情对全球旅游业和酒店行业的打击轰然而至且持续影响，但携程依然能保持增速，这与携程酒店的服务系统模式不无关系。

携程的用户市场定位是高端商旅，拥有较多高消费水平的高净值用户，围绕商旅用户的出行需求，携程形成了一套全链条的旅行服务作为行业竞争壁垒。携程进行了组织架构的扁平化改革、移动化改造，还投入大量成本用于各地平台搭建和自动化研发。2020年，携程的研发费用占营收比重高达42%。截至2020年，携程的移动应用实现了75%自动化支持，在爱丁堡、首尔和东京等海外城市建立呼叫中心，在日本、韩国、美国、英国等国组建销售团队，通过投资海外平台直签热门房源，并覆盖中小城市房源。这一模式已在疫情复苏阶段证明行之有效。

亮点 9：服务体系设计助力全域持久增效

京东集团的新定位是"以供应链为基础的技术与服务企业"。今时的京东围绕零售业务，已拓展涉及零售、科技、物流、健康、保险、海外和工业品等领域。京东自建物流体系，通过技术驱动供应链服务，从以"零售"为基础的技术公司转变为以"供应链"为基础的技术服务企业，京东的转型成功了。

为探索更多可能性，京东 2019 年曾投入高价尝试了业界最火的新技术，如人工智能（AI）、无人车、智能硬件、物联网、虚拟现实（VR）、增强现实（AR），但当年的财报数据显示，高科技成本并未带来高回报。事实证明，盲目科技跟风并非所有企业的最优解。次年，京东及时叫停创新业务技术跟风，对这些创新业务进行了关停并转，及时止损，节省了大量成本。

2018 年，京东组建了"客户卓越体验部"，推动客户体验相关项目。2019 年，源于行业强劲对手拼多多的"低价+社交购物"模式，京东发展了"京喜"业务，第四季度，京东增加了 2800 万名新用户，开创三年最大幅度的季度增长，超 70% 的新用户都来自下沉市场，用户与销量双双大涨。此外，京东开放策略对外借力，与快手等公司结盟，发展过万家线下京东家电专卖店，获得了前端流量，为京东带来了近千亿元利润。

亮点 10：持久增值的要诀

业界有一种说法，腾讯是最早具有互联网思维的企业之一。2002 年，腾讯打破传统的聊天室社交模式，推出 QQ 和 QQ 群，开创了无缝连接线上社交模式。腾讯以用户和内容思维为牵引，持续扩展业务线，建立腾讯的生态圈。腾讯的优势之一是多年来积存的巨大用户基数，只要产品的市场需求量大，依靠多年来积累的用户量勇于进入市场，将时下最火热的产品再创造，将用户体验设计、服务做到极致，最后就都能实现商业变现，在同类产品中赢得市场。

腾讯的创新之道

腾讯还有另一个优势——微创新策略。相对来讲，所谓的微创新并非像颠覆性创新那样，以显著的、极强的、全新的革命性技术或史无前例、焕然一新的功能一举开拓市场，引领消费，而是从现有产品的细节设计入手做新的开发设计，如设计更加合理的交互体验，开发更加新颖和实用的功能，以产品为中心建立一个真实生活的社交圈等。曾经，这种"润物细无声"的创新能力让腾讯在市场中击败了MSN、盛大、联众等同系列产品，获得不俗的市场口碑和强大、持续的赢利能力。

在互联网巨头中，腾讯可称得上是最执着于用户体验的企业之一，从微信的成功可窥见一二。后来，凭借敏锐的行业嗅觉和市场洞察，腾讯成功在移动互联网时代实现了快速转型。

在互联网这个大平台，优质的内容才是永恒的动能。短视频并非腾讯首创，面对大流量的抖音，腾讯另辟蹊径，没有把视频号当成微信里的抖音或快手去模仿，而是将其当作公众号的视频化。腾讯通过大数据分析，了解用户习惯和喜好，在短视频中引入了很多高质量内容。通过社交圈获取朋友在看的视频，不仅包揽"权威发布"，也关注"大众正能量"，使用户在使用短视频时既能获得官方讯息，也更了解生活，使产品关注生活，回归日常。如今，腾讯的视频号获得了不凡的成绩。从2020年6月开始，视频号的月活跃用户数已超2亿，几乎是目前整个APP领域最快超过这个数字的产品平台。

此外，腾讯非常重视知识产权的保护。2017年4月，腾讯在《腾讯知识产权保护白皮书》中对包括QQ、QQ空间、微信、腾讯视频等在内的六大产品的知识产权合法权益的保护状况做了详细阐述，涉及第三方的著作权、商标权、专利权等，首次披露了腾讯在知识产权保护技术上的创新和知识产权保护体系。2020 年，腾讯累计申请专利 3 万余项，专利包含防盗链、作品识别、内容检测、数字指纹及恶意网站识别等方面，这个数据在中国互联网企业中位列第一，在世界范围内也仅次于谷歌。知识产权的一系列保护举措为腾讯筑起了一道道坚实的防护墙。

科技驱动的设计变革

随着大数据、云计算、人工智能、区块链等新兴技术的高速迭代，科技进步给企业、产业和生活方式都带来广泛和深刻的变革。近年，继我国布局制造强国战略后，工业设计以其投入低、回报高等优势成为企业提升创新竞争力、促进产业转型升级的重要法宝之一，创新设计成为企业重点布局的方向。科技的进步、产业的变革以及大众生活方式的转变升级等内外环境都对企业提出了新的要求。企业战略创新趋势逐渐进化为以数智、智能为主的创新设计服务和以设计管理为主的管理制度创新，以及以商业顶层策略、商业模式为主的产品策略创新等。

工业设计和科技相通相融、互促互进的关系空前紧密

世界已从"物理—人类"的二元空间发展到"信息—物理—机器—人类"的四元空间。5G、物联网、云计算、人工智能、数字孪生、区块链、VR、元宇宙、云原生等科技的快速发展促使工业设计发生颠覆性变革，传统的工业设计已向数

字原生设计、数据智能设计等多维度衍生，不断孕育出新业态、新模式、新经济。在设计制造、经营服务、消费应用新格局下，消费者生活重心向虚拟世界转移，带来消费方式的实时化、在线化、数字化、虚拟化、个性化。消费方式的变化助推了设计的革新，使设计从仅注重功能性转向兼顾场景性、体验性、愉悦性和美观性，强调创新设计及智能创意设计，最后向数字原生设计发展，实现了从现实世界到虚拟世界再到虚实结合的设计空间的转化。另外，物联网、云计算、人工智能的发展使工业设计人才的需求也产生了变化，在创新的过程中对设计师和企业也提出了更高的要求，起初一人出一图的模式已过时，未来的设计工作朝着以人工智能技术为主的"数据智能设计师""人工智能设计师"等方向发展。

数智设计：设计行业的"自动化"

人工智能、大数据等技术发展以来，工业设计与计算机相关科技产生密不可分的关系，工业互联网平台正在建立与5G、人工智能、数字孪生、区块链、扩展现实（XR）、数据中心融合发展的新路径。根据时代背景，紧跟消费需求，开发新的设计范式，从供给侧发力，聚焦产业升级，加快推动数字经济催生的新形式、新业态，从而促进国民经济增长。

随着手机淘宝的发展，平面和视觉设计师的工作任务越来越繁重，而设计师大多数情况下都在忙于搜集信息、处理信息等重复工作。2016 年以后，消费市场的需求逐渐升级，人工智能、云计算和大数据等技术催生了"鹿班""羚珑"等人工智能设计。

人工智能技术的发展为设计行业带来了一场"设计自动化"大潮。2016 年，阿里巴巴首个人工智能设计工具"鲁班"（后更名为"鹿班"）启用；Adobe Max 大会发布人工智能引擎 Sensei；字节跳动 AI 辅助 UGC 完成抖音美颜、滤镜、动作等创作。2017 年，京东启用人工智能设计工具"玲珑"（现更名为"羚珑"），可以完成广告图、视频、页面、SNS（社交网络服务）互动营销及小程序的设计工作；美图推出人像美化、风格迁移、智能妆容等功能；酷家乐布局"AI+家居设计"的战略，通过"AI+大数据"双引擎驱动将人工智能技术引入家居设计行业，为家居设计开启了一场"智慧革命"。2018 年，谷歌启动以人为中心的机器学习项目；阿里巴巴达摩院联合浙江大学推出基于图文的短视频生成系统 AlibabaWood；阿里巴巴"鹿班"上线阿里云平台；美团开发智能设计系统，为外卖商家设计广告位，为商家店铺装修等场景提供设计；通用汽车采用欧特克（Autodesk）的设计技术 Generative Design 设计车辆座椅支架；爱彼迎（Airbnb）推出 Sketching Interfaces 手绘线框草图，直接生成前端代码。2019 年，碧桂园联合特赞开发"月行"智能广告设计系统，筹备成立设计人工智能实验室；联合利华成立 AI 发现实验室，围绕创意营销和零售进行人工智能领域初探；一品威客AI实验室自主研发设计"超级大脑""小威智能"，为中小企业提供设计服务。

几乎在同一时间段，各个行业开始布局以人工智能技术为主导的产品，百花齐放、成果繁多。在对工作绩效进行评价时，发现这些产品或工具甚至比人类设计师更出色、更缜密、更高效。以"鹿班"为例，由设计师创造的"鹿班"主要用来替代设计师完成一些重复性较高的设计工作。设计师将自己创作好的系列作品输入后形成海量数据，在对数据分析进行训练后，这些数据可以成为新设计作品的素材源泉。2019年天猫购物节"双11"当天，"鹿班"疯狂"设计制作"超10亿张产品活动图片。一键生成、智能排版、设计拓展、智能创作、一键抠图等功能不仅满足短时间大量出图的设计需求，还能完成智能撰写文案、颜色识别、风格处理等多项功能，甚至针对新老客户、不同季节、不同性别等维度生成不同的个性化效果图，成功设计出"千人千面"的作品，还很美观。这种以大数据、人工智能技术为主导的数智设计能帮助设计师以超人的效率重构设计效果，也为商家运营提高设计效率、降低人力成本，是未来设计行业的主要趋势之一。

智能剪辑设计软件"亲拍"为短视频商业增值提效

人工智能"设计自动化"不仅能帮助设计师完成运维和平面类工作，还能帮助用户创作短视频。

随着短视频营销效应显著提升，短视频的商业价值关注度不断走高，很多商家抢驻各大短视频平台直播卖货。此时，很多规模不大的小商家不愿意投入较高成本去聘请专业的视频剪辑师，因而难以生产出高质量的产品推广视频。一款阿里巴巴开发的短视频智能剪辑软件"亲拍"帮助解决了商家很多运营方面的难题。简易操作好上手，不需聘请设计师，商家快速套用模板即可快速输出高质量的爆款视频，这种低成本的推广方式帮助店铺降低了人力成本，优秀的视频推广也对产品的盈利和销售业绩起到了不可或缺的作用。

众所周知，如今以大数据、人工智能、区块链、物联网等技术为核心的数字经济正在成为中国乃至全球经济至关重要的经济增长点，数字孪生、元宇宙、未来虚拟空间等概念频频提示当下设计行业正在被深度颠覆。科技智能在设计领域的应用为全产业和全人类带来历史级的变革，未来的设计师面临的将不仅是平面、三维、系统或服务设计创新，还有人工智能技术革命带来的数智设计新范式，将深度研究如何针对这些自动化的设计工具、平台、机器人等进行功能和设计创新，而如何培养、训练、编写程序等是设计师需要思考的方向，也是未来创新设计的重要趋势之一。

大数据（Big Data）

过去，经济发展主要靠生产要素和投资驱动，在人工智能时代，经济发展已转变为主要靠大数据技术驱动。如今，网络化、智能化、信息化的根基都是大数据，大数据已经成为当前信息时代重要的基础生产要素之一。

随着数字经济蓬勃发展，大数据已是我国基础性和战略性的重要资源。2019 年 3 月的两会报告正式提出"智能+"的重点战略，其中包括深化大数据、人工智能等研发应用，打造工业互联网平台，拓展"智能+"，为制造业转型升级赋能。据《中国互联网发展报告（2021）》，2020 年我国大数据产业规模达 7187 亿元，增幅领跑全球大数据市场。

大数据的发展主要受政策、环境、资金、资源、人才创新等因素影响。我国以大数据研究为主的企业目前主要分布于北京、广东、上海、浙江等省市，北京大数据产业实力雄厚，大数据企业数量占全国总数量的 35%。企业在大数据方面的探索应用已非常广泛。阿里巴巴、腾讯、百度、美团、华为、小米、中兴等国内领军企业已在数据采集、存储、分析和数据可视化、数据信息安全等领域开展应用实践，并取得了显著成果。

"猫眼电影"是美团在"互联网+电影"领域的一站式电影互联网模式创新成果。"猫眼专业版"平台通过大数据分析实现了人工智能秒级票房预测，该功能有助于新电影的发行、宣传，有利于对电影院排片、经营等进行精准决策，也为电影投资、影院投资提供了数据对比分析参考，为整个电影行业的体验和服务带来了极大升级。

借助大数据，美团深度挖掘用户痛点，接入 190 多家门店，实现产品通、会员通、门店通"三通"的全区域闭环运营模式，提升了线上线下协同的效率，也通过新的销售和服务网为消费者带来更好的用户体验。大数据技术还可用来精准营销、推送广告、打造社交网络或反欺诈等，但目前大数据多停留在统计分析层面，数据之间的关联性、数据存储和管理、数据清理和挖掘以及数据可视化还有很大空间待进一步挖掘深化。

在创新设计领域，大数据是企业的新型生产资料，是设计师的眼睛。在移动互联网和物联网时代，缺乏大数据支持的设计是主观的。随着大数据技术的不断进步，设计师"拍脑袋"的主观臆测或基于实验室小样本研究的个人猜想等情况将减少，设计将更加契合市场需求。

值得一提的是，尽管大数据的使用潜力非常可观，但大数据及网络信息安全、用户隐私等问题也引起了社会的广泛关注，如何保证数据在安全的前提下共享和运用是当下国内外学术界和产业界研究的热点之一。数据资源开放、万物互联将让数据越来越有价值，以数据互联来支持业务经营将成为必然趋势，数字化技术和数据资产价值挖掘将驱动更多新智能创新模式。企业将利用大数据、人工智能等技术，在重构企业品牌战略、人才管理、市场营销、商业模式、顶层设计、机制制度等方面进行数字化转型，挖掘更多应用场景。

人工智能（Artificial Intelligence）

2016 年 3 月，世界各地超 6000 万人观看了一场特殊的围棋比赛。谷歌 DeepMind 的 AlphaGo 以总比分 4∶1 击败世界围棋冠军、职业九段选手李世石，说这一结果震惊了世界毫不夸张。2017 年，升级版 AlphaGo 出战击败了国际围棋大师柯洁。至此，人工智能新纪元开启。

人工智能是新一轮科技革命和产业变革的核心，对人类科技和产业的变革正在产生深刻久远的影响，已成为当今全球第四轮信息革命的重要源泉。人脑智慧与人工智能的交互与融合是实现更强大智能形态的重要途径。类脑智能的人工智能理论与技术驱动产业创新、智能技术与大脑功能融合，正在助推人工智能与生物学、物理学、计算机、数学等跨学科领域研讨与深入合作，共促全行业升级变革。

2017 年，国务院印发的《新一代人工智能发展规划》提出，到 2030 年，人工智能理论、技术与应用总体将达到世界领先水平，成为世界主要人工智能创新中心。同年，工信部印发《促进新一代人工智能产业发展三年行动计划（2018—2020年）》。人工智能得到了内外大环境的支持，进入历史上发展最有利的一段黄金时间，预计未来 10 年，人工智能将前所未有地大爆发。

人工智能技术是发展我国制造强国战略的关键技术之一。2018 年 10 月，习近平总书记在主持人工智能发展现状和趋势的第九次集体学习中强调，"人工智能是新一轮科技革命和产业变革的重要驱动力量，加快发展新一代人工智能是事关我国能否抓住新一轮科技革命和产业变革机遇的战略问题"。2018年，工信部印发的《新一代人工智能产业创新重点任务揭榜工作方案》提出以人工智能为核心，重点突破自动驾驶智能芯片、车辆智能算法、自动驾驶、车载通信等关键技术。

目前，我国人工智能技术发展态势良好。《中国互联网发展报告（2021）》显示，在人工智能领域，2020年人工智能产业规模平稳增长，达3031亿元，同比增长了15%，略高于全球平均增速。从领域上看，人工智能主要在人工智能芯片、深度学习软件架构、中文自然语言处理等领域发展显著。从地域上看，我国人工智能产业主要集中在北京、上海、广东、浙江等省市。

人脸识别技术作为人工智能视觉识别的关键应用技术之一，其身份验证功能应用最为广泛。人脸识别技术能准确快速识别个人身份，主要应用于公共场所安防、刑事侦查、银行门禁、社会福利保障、电子商务、安全防务等领域。2009年，北京首都机场员工身份核验首次启用人脸识别系统。2016年，银川机场借助以人脸识别为主的计算机视觉技术，实现机场全面智能化，除安检通关、自助登机，相关技术被应用到动态布控、人流引导、智慧航显、轨迹检索等方面；汽车站、地铁站、轮渡口的门禁闸机等也相继启用人脸识别技术，通过现代人工智能终端进行实名制管理，为公共运输安防助力。2021 年 3 月，第 60 次全国计算机等级考试首次采用科大讯飞的人工智能设备服务完成 3 万多名考生的身份验证工作。人脸识别逐渐进入教育领域，使现代教育的教学、评价、追踪、创新等方方面面进展更高效、便捷。

大数据和深度学习技术的发展使人工智能语音识别技术逐渐成熟，主要应用于电子商务、个人电子设备等领域。各智能设备端推出了智能语音机器人，如三星的虚拟助手 Bixby、苹果的 Siri、谷歌的 Google Now、微软的 Cortana、百度的度秘、阿里巴巴的天猫精灵等，还包括有道、阿尔法蛋、科大讯飞的翻译笔、讯飞语音输入法、智能客服技术等教育类产品，智能语音技术为教育行业带来了变革。

智能无人系统是人工智能技术研究中的重要前沿热点之一。2021 年，基于快递和即时配送的线下场景，各巨头已展开无人配送业务布局，美团的魔袋 20、京东的无人车、阿里巴巴的"小蛮驴"等进入消费者生活。从技术层面讲，无人配送模式虽仍不成熟，但可以预见的是，未来无人配送服务是必然的趋势，人工智能、大数据等技术将在外卖、零售、生鲜、商超、快递等多个场景发挥出巨大潜力。

人工智能已对全行业、全社会产生广泛和深远的影响，包括设计行业。当人工智能进入后深度学习时代，各国将处于同一起跑线上，谁能快速跑到最前面引领人工智能的发展，取决于其创新能力，尤其是原始创新能力，而加强核心技术和基础研究至关重要。在创新设计中，人工智能的未来一定不会脱离设计，人工智能产品所具备的软硬件技术都将是工业设计发展的重点方向之一，尤其界面设计将成为人工智能和人类认知的重要交互枢纽，设计结合人工智能将共促世界的教育、医疗、工业、农业、物流、航天等多领域变革升级。

没有人能断定人工智能未来是否能发展出像人类一样完备的逻辑、意识和推理的高级认知能力，但可以确定的是，人工智能未来一定会与大数据、物联网、区块链等技术交互融通，帮助人类创造更多社会和经济价值，做出更伟大的贡献。

区块链（Block Chain）

近几年，区块链技术已引起全世界高度关注。各个国家围绕区块链的研发、应用和监管相继出台了战略支持。《人民日报》2020年1月刊文提到："数字经济的范畴较为广泛……从技术层面的大数据、物联网、云计算、区块链，到应用层面的数字金融、新零售、智慧城市等，都属于数字经济的范畴……数字经济时代，这些新业态将成为至关重要的经济增长点。"2021年3月，《中华人民共和国国民经济和社会发展第十四个五年规划和2035年远景目标纲要》提出"以联盟链为重点发展区块链服务平台和金融科技、供应链金融、政务服务等领域应用方案"等要求，将区块链作为新兴数字产业发展的重点技术之一。

一时间，区块链吸引了各路资本入局。资本的涌入催生了区块链"多点开花"的产业发展格局，影响了设计行业、数字金融、新零售、城市生活、物联网、智能制造、供应链管理、数字资产等领域。

区块链技术在设计产业中应用十分广泛，包括知识产权的保护、设计协同创作和设计数据溯源等。设计内容可通过区块链变成设计资产，由于其数据不可篡改、全程留痕和去中心化等特性，区块链在知识产权保护运用中已凸显重要潜力。如在每个设计环节都能被记录，他人下载时需要对设计者付费，保护设计原作者创作的利益、鼓励创新，查询设计作品归属和作品来源等，有利于设计协同创作。一个设计被某个团队或个人创作后，后人可在前者的基础上加以调整优化，在整个过程中可以有无数"能者"参与，以发挥团队最大效能，输出好设计、好作品，有助于设计数据溯源。区块链技术催生了供应链金融、跨组织物流管理和数据共享等领域新业态、新服务，如数字货币、外卖到家、共享单车、支付结算、物流追溯、医疗病历、身份验证等，区块链技术的加入有利于整个过程中的数据溯源、流通、追踪等。

目前，很多游戏企业已从区块链技术获得利润收益。CryptoKitties是一款基于以太坊区块链的"云养猫"游戏，该游戏将猫的"基因"编码，利用基因组合的随机性，使每只猫都拥有独一无二的"遗传基因",最终通过买卖等交易形式,为当时公司带来稳定盈利。

区块链相关技术正在影响全球,但不可否认的是,由于匿名性等特点,区块链技术的安全问题逐渐暴露,如智能合约由于其溢出漏洞、可越权访问、可预测的随机数等问题,容易被攻击者用来作弊,还有匿名交易犯罪事件也频繁发生。解决区块链技术的安全问题是近年学术界、产业界热议的难题之一。尽管区块链技术的应用还未成熟,但业界仍对其应用前景抱以较高期待。随着区块链技术和功能开发日益广泛、成熟,区块链将成为支撑治理体系和治理能力现代化的一项重要技术。

非同质化代币(Non-Fungible Token,NFT)

非同质化代币是一种应用区块链技术验证的数字资产,可应用于虚拟商品所有权的数字凭证等。2018年至今,NFT热度持续上涨,商业潜力不容小觑。

NFT的应用潜力首先表现在艺术创作领域。2021年3月,英国佳士得(Christie's)一件名为*Everydays: The First 5000 Days*(《每一天:最初的五千天》)的拼贴艺术品以约6935万美元的价格拍卖成功,它是全球知名拍卖平台首次卖出的一件纯数字化NFT作品。这幅艺术品来自图像设计师迈克·温克尔曼(Mike Winkelmann),作者从2007年起将数年的数位图片创作集合。与其他藏品不同,得标者除收到常规的拼贴图片作品外,还有一枚基于区块链技术的NFT，NFT存放了该数字作品的资料、原作者的签章及所有权的历史记录。

同年 3 月，推特的第一条推文以NFT形式拍得 290 万美元。

据Chainalysis报告，2021 年NFT市场规模已达 269 亿美元，约合人民币 1700 亿元。

企业由NFT的吸金能力嗅到了它的应用潜力，积极布局抢占NFT市场。阿里巴巴推出NFT交易平台"鲸探"，推出数字艺术作品"赛博朋克灰太狼"和"赛博朋克喜羊羊"；新华社发行中国首套"新闻数字藏品"，该系列是 2021 年新闻摄影报道内容的精选NFT，在区块链上有唯一标识和权属信息；腾讯推出藏品资源NFT交易平台"幻核"，上线了公益美术馆；视觉中国宣布利用NFT对社区进行升级，持续增强创作者的资产变现能力；百事可乐以Pepsi Mic Drop系列正式进军 NFT领域，该系列以音乐为主题，根据百事以往合作过的歌手形象，由算法从 1893 个代币中自动生成麦克风、太阳镜、头带、发型、帽子等元素，从而创作出一个个丰富的新形象。企业的陆续进军，资本的不断涌入，为NFT持续造势。

NFT技术增强了作品的所有权证明和历史交易的不可篡改，有利于解决一些版权纠纷。当NFT艺术作品被不断转售时，创作者可获得版税等收入。如在音乐领域，音乐人可通过NFT形式出售作品；在游戏领域，NFT也表现出较大潜力，方便交易游戏皮肤、装备，开发新游戏模式等；2021 年以太坊区块链上最火的一款区块链游戏"Axie Infinity"，玩家购买虚拟宠物后，在游戏中进行饲养的同时通过宠物繁殖、战斗等玩法赚取游戏代币，这些游戏代币可进行真实消费或交易。此外，NFT还可以运用在地产领域，如提供资产所有权证明，通过NFT记录房产信息有助于售卖信息溯源，能够保证资产的所有权和数字内容链的真实性。目前从整体来看，NFT的应用还处于初级阶段，但已有专家担忧它的不环保性可能会导致一些能源消耗问题。

产品策略创新：成功的顶层策略和准确的产品定位

2021年3月，小米发布了由MUJI（无印良品）的灵魂人物原研哉设计的品牌新标志。该标志根据小米品牌特色融入了东方美学和哲学的思考，将产品语义与中国传统的审美哲学概念"天圆地方，温润如玉"的民族特点相融合，同时也延续了原研哉一贯的极简风格。

"毫无特色！"这可能是大多数人在商店里第一次看到MUJI产品的感受。然而当顾客把它们买回家会发现什么叫"少即是多"，"和谐""自然""极简"是MUJI的产品设计风格策略。正因为极简风格和毫不突兀等特点，MUJI的产品能与任何室内装修风格无障碍搭配，融为一体。

在最初建立MUJI时，创意总监田中光先生提出三个产品基调：产品之美、传播之美、空间之美。清晰的产品策略定位对品牌的影响深远，是产品占领市场的重要策略之一。原研哉、深泽直人对产品设计策略的严格把控使MUJI在设计界历经多年仍独树一帜，产品在不断迭代和市场需求的变化中保持了本身特色，又将日本本民族的文化特色与现代设计思想紧密结合。

"由繁至简"是社会发展到一定程度的消费趋势产物，追求物质的尽头是追求天然、自然的产品和生活方式，该理论在《第四消费时代》中有表述。书中以日本社会的消费观为例，描述自1912年起主要历经了消费社会的四个阶段。

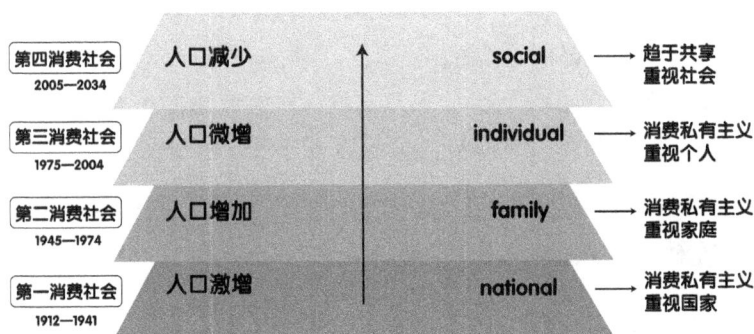

第四消费社会 2005—2034	人口减少	social	→ 趋于共享 重视社会
第三消费社会 1975—2004	人口微增	individual	→ 消费私有主义 重视个人
第二消费社会 1945—1974	人口增加	family	→ 消费私有主义 重视家庭
第一消费社会 1912—1941	人口激增	national	→ 消费私有主义 重视国家

消费社会的四个阶段

第一消费社会的主要对象是少数的中产阶级；在经济高速发展的背景下逐渐形成以家庭为中心的第二消费社会，购物崇尚"越大越好、越多越好"，如小冰箱换大冰箱；第三消费社会，消费的个人化趋势明显，不再追求大众的东西，更多关注个体消费的个性化和差异化；到21世纪后，日本社会经历第三消费社会后消费观逐渐成熟，步入第四消费社会，社会开始重视"共享"。第四消费社会，告别了"消费和购物使人幸福"的时代，人们不再追求经济飞速发展和经济效益最大化，而是崇尚简约的生活方式。从追求物质到更重视服务，重新发现自然的力量和地方的特色，获得内心的平和与幸福，人与人之间的交往变得自然而温暖，更多关注人生的意义。

中国当下正处于第三、第四消费社会的过渡期。美食短视频博主李子柒在YouTube平台走红，其短片在美国、英国、印度等国家都广受欢迎，开创的个人生态美食品牌也迅速受到追捧。该视频和品牌塑造了"田园、自然、朴实、东方"等文化特征，激活和唤醒了快节奏下都市人对乡村田园世界的情感，是现代性症候下人类对生存困境的回应与反叛和对工业化、现代化的逃离，也是当代社会飞速发展下对现有状态的焦虑和对生活本质、健康生态消费观的思考。

第2章 | 国际工业创新战略

　　工业是国民经济的命脉。作为第二产业重要的组成部分，工业的现代化程度决定了整个国民经济的面貌和整个人类文明的先进程度。工业在国民经济中占据主导地位，在日新月异的科技变迁中面临高速的发展和持续的更迭。聚焦产业升级，从供给侧发力，加快机器换人和"两化"融合，推动新形式、新业态的经济增长和新旧动能转换，工业设计肩负了重要责任，其应用范围已由制造业延伸至交通、医疗、教育、建筑、能源、城市等领域。

　　随着互联网的快速发展，在人工智能、大数据、数字孪生、5G、云原生等新一代信息技术推动下，工业革命的浪潮正加速席卷各行各业，人类的工业化技术和工业化程度发生了翻天覆地的变化。

在近代历史上，人类已经历三次重要的工业革命。第一次工业革命发源于18世纪60年代至19世纪中期的英国，蒸汽机的改良使机器首次加入产品生产环节，由此代替了手工时代，这一时期被称为蒸汽时代（工业1.0）；第二次工业革命发生于19世纪70年代至20世纪初，被称为电气时代（工业2.0）；第三次工业革命约从20世纪50年代开始，互联网技术飞速发展，计算机开始参与生产链，被称为"信息时代"（工业3.0）；工业4.0约从2013年开始，由德国提出，其内涵为"工业智能制造"。

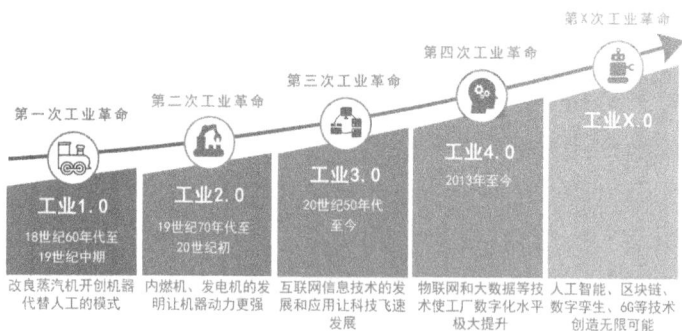

世界工业革命发展史

21世纪初，科技进步突飞猛进，全球以发达国家为主的经济态势一度发展迅猛，部分国家高速发展并迷醉于"虚拟经济"带来的经济崛起，实行"去工业化"，忽视了实体经济。"虚拟经济"作为市场经济高度发达的产物，其高度流动性、不稳定性、高风险和高投机性等特点决定了它既可能促进实体经济的发展，也可能背离实体经济的发展，形成泡沫，反噬实体经济。2008年，美国次贷危机引发的金融危机席卷了全球，而以中国为代表的新兴经济体开始发展。人们惊觉虚拟经济终究只是泡沫，看得见却瞬间幻灭，同时意识到了实体经济的支撑作用，只有实体经济和虚拟经济协调发展才是稳定的经济增长点和综合国力的竞争核心。各经济体纷纷调整策略回归实体经济，为"再工业化"规划布局。

2013年，德国提出工业4.0战略，这被视为智能化时代的开启，也被看作"第四次工业革命"的开端。工业4.0起初是德国在2011年汉诺威工业博览会上提出的概念，其本质目的是提高德国工业的竞争力。这个概念在中国被称为"中国制造2025"，在美国则被称为"工业互联网"，其核心都是促进物联网、大数据、云计算等技术的发展，从而让工厂数字化、自动化水平大幅提升，期望通过"万物互联""互联网+制造""机器取代人工"，使产品数据便于全周期追溯、智能维护和管理。

和德国工业4.0战略类似，美国提出的"工业互联网"概念也是新一代信息技术与工业经济深度融合的产物，为产品全周期数字化、网络化、智能化转型提供了落地方向，是第四次工业革命的重要基石。美国先进制造伙伴（AMP）计划、德国工业4.0战略等制造业发展战略是发达国家积极向制造业回归、抢占未来制造业竞争制高点的战略步骤之一。

除德国、美国外，中国、日本、韩国等多个国家先后采取行动寻找工业新经济增长点，制造业成为世界各国经济发展的重点布局领域，各国先后制定战略、政策和行动规划，在投资、培训、组织架构等方面布局。抢抓制造业战略创新成为多个国家实现制造强国、质量强国和经济发展取胜目标的关键途径。

各国的战略政策主要聚焦于经济发展推进、行业结构优化、教育改革升级、社会福祉保障等方面，在制造强国的方针侧重上各有特点。美国主要以教育科研机构和工会组织为主体，着重发挥制造业的重要优势；中国则强调创新战略、绿色发展和人才为本的全面可持续发展；德国的战略核心在于科创前沿和社会发展需求平衡，将智能制造与工业、社会、服务等交叉融合、协调发展；日本期望以机器人、人工智能等精密技术创新带动制造业、医疗、农业、交通、护理等领域的结构优化；韩国则突出大企业进行扶持，强调领先技术的研发。

美国工业发展行动

美国是世界工业产业规模大国之一，先进制造业是美国经济实力的引擎和支柱。20世纪50年代起，美国本土开始"去工业化"历程。总体来看，"去工业化"后的美国经济依旧持续增长。但在2008年，因次级抵押贷款机构破产引发的股市剧烈震荡，引起金融危机爆发，美国经济受到巨大冲击，这场危机也席卷了全球，使美国重新认识到传统制造业和实体经济的重要性。2009 年，美国发布《重振美国制造业政策框架》，布局高技术研发，希望通过制定国家创新战略、法律框架等举措，实施财政支持、投资引导、税收减免等政策，促进先进制造业创新、研发和劳动力技术提升，但收效甚微。2011 年，"先进制造伙伴计划"在美国实施，为先进制造业指明了优先发展先进传感技术、先进控制技术和平台系统，虚拟化、信息化和数字制造，以及先进材料研发三大技术领域这一方向，以维持美国先进制造业在全球的领先地位和国际竞争力。

2012 年，美国正式布局"再工业化"战略，将经济发展的主要精力投放于发展先进制造业与新兴产业，计划通过发展制造业占据世界技术创新的制高点。通过促进中高端制造业回流、加强产业控制程度、巩固先进技术产业等一系列举措，提高科研创新的水平和本土制造业竞争力。同年，美国通用电气公司（GE）发布《工业互联网：打破智慧与机器的边界》（*Industrial Internet: Pushing the Boundaries of Minds and Machines*）一书，首次提出"工业互联网"（industrial internet）这一概念，并将其定义为实现人、机、物全面互联的新型网络基础设施，形成智能化发展的新兴业态和应用模式。该报告认为，全球经济的46% 或全球产出中的 32.3 万亿美元都得益于工业互联网。

2012 年，美国为加强高等院校和制造企业之间的产学研合作，于"国家制造业创新网络计划"中提出筹建多项研究中心。"先进制造业国家战略计划"又提出将完善创新政策作为发展先进制造的首要目标。2013 年，美国为推动数字化制造、新材料、新能源等先进制造业的发展发布《国家制造业创新网络：一个初步设计》，提出组建美国制造业创新网络，打造一批具有先进制造能力的创新集群，参与成员涵盖工业、学术界、国家实验室、联邦政府等，成员集群较广，使美国制造业最大限度地融汇最前沿的创新技术和理念，以促进美国制造业的创新活力持续提升。

2014 年，美国出台《振兴美国制造业和创新法案》，该法案批准"国家制造业创新网络计划"，提出由联邦政府与企业、高校、研究机构、社区等共同出资，通过招标方式，组建若干制造业创新研究所，同时提出每四年制定一次国家制造业战略。2016 年，"国家制造业创新网络计划"更名为"美国制造计划"，发布创新网络在提高美国制造业竞争力方面所取得的进展。

2018 年 10 月，美国国家科学技术委员会发布"先进制造业美国领导力战略"，这是美国继"制造业回归"后的又一个制造业战略，也是在中美贸易谈判关键时期发布的国家先进制造战略。作为对"先进制造业国家战略计划"的更新，该计划提出未来四年内美国先进制造业的行动规划，确定未来智能制造系统、先进材料和加工技术、美国制造的医疗产品等五个领域为未来四年发展的重点。该战略对美国制造业重点任务部署具有重要指导意义，对美国先进制造技术的研发、应用、推广，以及广泛的人力资本培育和全方位的供应链体系建设等起到了重要的推动作用。

多个政策和多次实践证明，美国的创新潜力和竞争力与制造业水平紧密相关。制造业成功的关键在于提高企业的可持续创新力，美国的很多举措可看出扶持企业创新力的重要性。如为中小企业提供援助、协助产品开发、提供所需资金等一系列举措，对重构产品设计、改善制造工艺有很大作用，尤其有利于中小企业节约成本、进行新投资，助推制造企业的核心竞争力和可持续创新力大幅提升。

德国工业发展行动

德国是世界公认的制造业强国之一，现拥有大众、西门子、巴斯夫、拜尔、通用、赫希斯特、蒂森克虏伯等实力强劲的企业。德国的工业发展离不开教育体系的建立，"设计教育+设计推广+精工制造"共同助推德国工业产品竞争力提升。

德国的制造业竞争力稳居全球各国和地区之首。二战后，德国制造业迅猛发展，成为国内经济的支柱产业，总体实力强大。专精路线的工匠精神，严密的机械制造业，高度严谨的标准化生产体系，与产业界紧密结合的教育制度，多元协作的创新体系等是"德国制造"成功的关键。1919 年，德国创立包豪斯设计学校，其代表"现代感""理性"等设计思想和美学，在现代工业设计领域中有举足轻重的地位，为德国工业设计教育发展体系和产品设计风格奠定了基础。2020 年，联合国工业发展组织发布《全球制造业竞争力指数》（以 2018 年指标为基础计算），德国综合排名世界第一。该指数由制造业出口全球份额、人均制造业增加值、中高科技产品出口份额等 8 个指标计算得出。

德国工业 4.0

为提高工业竞争力，在新一轮工业革命中抢占先机，德国于 2011 年汉诺威工业博览会上提出"工业 4.0"概念。这一概念真正成型于 2013 年 4 月，德国"工业 4.0"工作组发表名为《保障德国制造业的未来：关于实施"工业 4.0"战略的建议》的报告，拉开第四次工业革命的序幕。该建议以信息物理系统的工业物联网与工业服务网为核心，以智能工厂、智能生产、智能物流为三大主题。德国在实施该战略的进程中注重生产过程在智能工厂内联网，不同的生产阶段实现信息共享以及全社会各类应用软件网络价值的实现。同年，为辅助"工业 4.0"战略的实施，德国发布《"工业 4.0"标准化路线图》，物联网技术和大数据在"工业 4.0"中承担核心技术支持，越来越多的机器人替代人工实现"无人生产线"，在当时成为全球智能化改革的先锋。该战略的发布，标志着德国"工业 4.0"计划正式投入实践。

高技术战略

2006 年，为鼓励通信与移动技术、安全与健康生活等 17 个尖端技术领域创新，德国发布"高技术战略"。高技术战略是德国联邦政府制定的综合性国家科技发展战略，主要目标是通过创新增强德国的综合竞争力。自 2006 年后，高技术战略紧紧围绕科创前沿和社会发展需求开展，并增加研发资金投入。

2010 年 7 月，德国政府通过了"2020 高技术战略"，部署在未来 10—15 年时间里最大限度地实现生产自动化。一系列战略实施助推了德国制造业在全球竞争中跃居领先地位。

2014 年，德国继续为高技术布局，出台新的高技术战略，鼓励中小企业在研发、科技人才等五类计划和信息通信技术、医学等六类领域布局。

2018 年，为构建未来发展，德国发布"高技术战略 2025"，积极参与全球竞争。

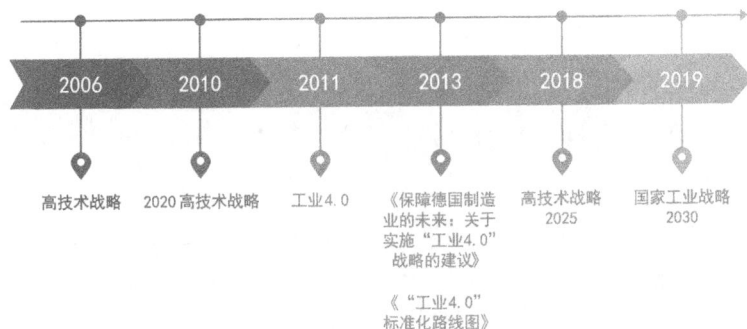

2006	2010	2011	2013	2018	2019
高技术战略	2020 高技术战略	工业 4.0	《保障德国制造业的未来：关于实施"工业4.0"战略的建议》 《"工业4.0"标准化路线图》	高技术战略 2025	国家工业战略 2030

德国近年制造业相关主要战略规划

2019 年，德国再公布"国家工业战略 2030"，该战略主要将发展重点放在大型企业，然而该战略因国家对经济干预过多引起了民众的关注和热议。

日本工业发展行动

二战后，日本为快速复苏经济，发起"原创设计计划"，通过搭建成立"工业设计协会"、设立"设计奖"鼓励行业发展、增强国际合作、派留学生出国学习、邀请国外工业设计专家来国内授课等方式，促使日本在二三十年里迅速崛起，成为世界经济大国，工业水平占据世界领先地位。

政府的行动战略规划和企业出色的精益管理能力在日本工业进程中扮演了重要角色。2013 年日本推出"日本再兴战略"，提出将机器人产业作为成长战略的主要革新方向之一。和美国在芯片设计、大数据、云计算等新一代信息技术领域的领先不同，德国的优势领域主要集中于机器人和高精尖装备，而日本则在人工智能和精密零部件、新材料等专业技术方面具有优势。该战略期望以机器人技术，发展人工智能、大数据、物联网等技术创新，带动日本制造业、医疗、农业、交通、护理等领域的结构优化。

2015 年，日本发布"新机器人战略"，布局未来五年发展机器人产业，并提出了三大核心目标，即建设世界机器人创新基地、世界第一的机器人应用国家和迈向世界领先的机器人新时代，以确保日本机器人领域的世界领先地位。2016年，发布"日本高级综合智能平台计划"，提出集人工智能、大数据、物联网、网络安全于一体的综合发展计划。2017年，发布《人工智能产业化路线图》，一系列举措聚焦先进机器人及大数据挖掘领域，推动日本设备故障智能预测系统发展。

2002年起，日本每年发布《日本制造业白皮书》。2010年的《日本制造业白皮书（2010）》列出3D打印等重点发展领域，强调以物联网、云计算等手段为机器人等硬件变革服务。同时强调人才的重要性，对国内就业性别结构进行优化调整，对一些新岗位如物联网等进行熟练技工培训，同时鼓励优秀的年轻人投身制造业研发，为科技创新培养新人才，为下一代制造业尖端领域深度布局。2018年开始，日本意识到全球制造业正处于"非连续性创新"阶段，发布《日本制造业白皮书（2018）》，提出把"互联工业"作为未来产业概念。2021年，《日本制造业白皮书（2021）》提出加强供应链，在半导体、蓄

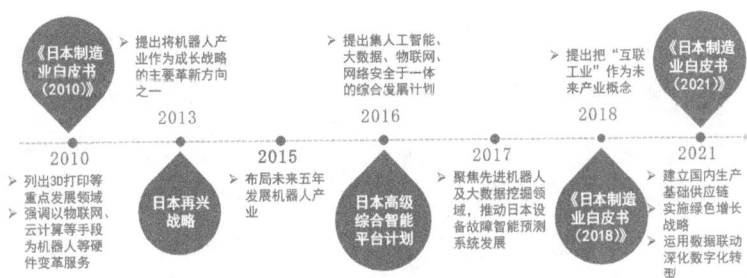

日本近年制造业相关主要战略规划

电池和上游材料等领域建立国内生产基础供应链以应对不断变化的国际形势。针对 2050 年的碳中和目标，日本在包括能源、运输、制造等 14 个重要领域实施"绿色增长战略"，实现经济和环境的良性循环，并指出企业数字化转型推进较慢，企业部门间须协同推进，运用数据联动深化数字化转型。

韩国工业发展行动

制造业占据国民经济重要地位的韩国，工业设计发展较早。20 世纪 60 年代，韩国提出"工业设计提升战略"以扩大出口。20 世纪 90 年代末期，韩国的设计进入鼎盛时期，通过提升工业产品质量、鼓励工业投资等举措将韩国设计产业推向国际化，走出了差异化路线。2000 年，韩国提出"设计立国战略"，每年的 12 月是韩国的"设计月"，举行与设计相关的活动。为促进设计与各行业的技术协同发展，2005 年韩国进行设计技术发展细则修订，一系列战略促成了韩国工业高水平发展，三星手机一度在全球智能手机市场中占有率排第一。

2011 年后，德国工业 4.0 战略在全球引起多国效仿，其中就包括韩国。韩国在 2014 年提出"制造业创新 3.0 战略"，次年提出"制造业创新 3.0 实施方案"作为补充。该战略的主要领域在智能汽车、机器人、无人机、智慧医疗等产业。比较具有特点的是，韩国鼓励民间资本投资智能工厂等新兴领域，而不是像大多数国家一样政府直接投入资金。2017 年，为应对第四次工业革命，促进智能制造业发展，韩国发布"韩国基础产业创新发展战略——第二次基础产业振兴基本计划（2018—2022年）"，也称"韩国基础产业振兴基本计划"。该计划对韩国当时的铸造业、金属模具、塑料加工等基础产业的现状及趋势进行了剖析，为未来创新发展制订方向、计划和执行措施，包括新兴产业核心技术开发、生产效率提高、技术型创新人才培养、技术文化合作氛围营造等。新兴产业主要聚焦绿色能源汽车和无人驾驶技术、智能家庭平台、智能体感家电、智能造船、生物医疗器械等。

2019年4月，韩国发布"5G+战略"，5G布局领域包括：（1）公共服务领域应用5G技术；（2）鼓励民间投资；（3）完善安全制度；（4）调整强化领先技术的开发和人才培养；（5）5G服务全球化和参与制订5G国际标准。韩国期望通过通信技术布局保持国际竞争力。

2019年6月，韩国针对制造行业发布《制造业复兴发展战略蓝图》，期望通过制定中长期发展规划，推动韩国制造业复兴，使韩国成功跻身世界先进产业强国行列。该蓝图共囊括四大发展战略：加速产业结构创新，培育新兴主力产业，优化产业创新生态系统，加强政府对投资和创新的支持。

为实现2030年温室气体减排国家自主贡献目标和2050年碳中和目标，韩国培育数字经济、绿色环保战略性新兴产业。碳中和有关技术研发和新能源领域布局是2021年韩国产业部公

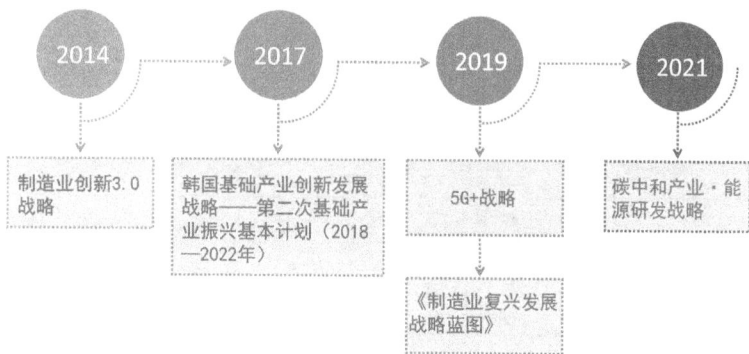

韩国近年制造业相关主要战略规划

布"碳中和产业·能源研发战略"的主要目标,该战略主要推动17个重点产业和以化石燃料发电为主的能源生产领域核心技术研发。但该战略由于较激进,引起了产业界、环保团体和民众热议。

英国工业发展行动

英国作为工业革命的发生地,工业发展较早。19世纪30年代,英国成立了设计委员会。20世纪60年代,全球制造业经历巨大变革,主要经济体"去工业化"现象明显,制造业对英国经济产出的贡献也逐年下降。

2008年全球金融危机爆发后,英国重新认识到制造业在维护国家经济方面具备重要战略意义。为促进经济复苏,鼓励制造业回流,2013年英国发布"英国工业2050战略",分析制造业面临的问题与挑战,提出未来制造业的主要趋势为制造价值链数字化，数字技术使制造活动不再局限于工厂，科技将改变生产，通信技术、新材料将在未来与产品融合。该战略对英国产品的设计、制造、使用等环节产生了重大影响。

为改善生产率落后于他国、工作岗位收入水平较低及企业发展不均衡等问题，2017年11月，英国商业、能源和工业战略部发布题为《工业战略——建设适应于未来的英国》的工业发展战略白皮书，提出通过投资技能、工业和基础设施，帮助创造更优质、更高报酬的工作来适应未来发展路径，以解决老龄化社会的需求，提高英国的生产力及全英民众的收入水平，促进人工智能和大数据经济发展。

英国于当地时间2020年1月31日晚11时正式退出欧盟。"脱欧"后的英国可能面临如跨境贸易延后、关税壁垒抬高等诸多问题，目前，"脱欧"的负面连锁反应已在汽车、军工、能源等行业初见端倪。

法国工业发展行动

作为欧元区第二大经济体，法国的工业发展水平不容小觑。法国拥有完整的产业分类，尤其在航空、高铁、核电领域发展水平较高，其他传统产业如汽车、钢铁、船舶水平也不低。但在20世纪初，法国的工业增加值和就业比重不断下降。2013年，法国为复苏工业，启动"新工业法国计划"，并陆续出台计划推动"未来工业联盟"及成立"全国工业委员会"，从国家层面对各项倡议进行整合。法国各地积极响应，各大工会、地方商会、国家投资银行等积极参与其中，为企业转型提供帮助。但由于改革项目过多，存在核心产业发展动力不足、重点发展领域不明确等问题。

2015 年，新工业法国计划进入第二阶段。一方面，为建立互联互通、更具竞争力的国家工业体系，法国经济、工业与就业部发布"未来工业计划"。作为新工业法国二期计划的核心内容，未来工业计划提出了新资源、可持续发展数据经济、城市和未来交通、未来医药、智能物体、数字安全和智能电网等优先布局领域，通过向 3D 打印、物联网、增强现实等数字技术提供支持，极力为各企业牵线搭桥、资源整合、跨界合作以及开展企业诊断、跟踪、资金扶持等服务，增强从业者的新兴职业相关技能培训，着重解决就业岗位不足等民生问题。此外，加强与德国及其他欧洲等国的国际合作，如发布与德国合作的"工业 4.0"，组织具有国际影响力的工业活动等帮助企业在经营、组织、研发和商业模式等方面转型，推动经济增长。

2016 年，法国发布了"未来工业标准化战略"，推动人工智能技术和工业标准的进步。

2021 年，工业在经济产出中所占份额仍不高，为扭转颓势，法国发布"法国 2030"，通过公共投资振兴工业，未来五年内计划投资 300 亿欧元在核能、可再生能源、电动汽车、半导体和机器人等领域，期望打造未来的高科技领军企业。2021

法国近年制造业相关主要战略规划

年10月，法国宣布增加58个再工业化项目，8月至10月已为"再工业化战略"投资624个项目，包括电子、健康、5G等领域。

印度工业发展行动

印度具备相对完整的产业门类，有较强的工业发展潜力。印度低端制造涵盖范围很广，高端制造也较完备，但总体而言，工业整体发展水平不强。为鼓励工业尤其是制造业发展，2011年，印度发布"国家制造业政策"，提出将于十年内实现GDP中制造业占25%，到2022年创造一亿个工作岗位，通过政策解决印度人口就业岗位不足、制造业发展水平较低等社会和经济问题。2014年，印度再推出"印度制造战略"，在通信、汽车、电气等产业重点布局以推动印度工业化的进程，全面促进印度社会的经济发展水平，提升印度制造业全球竞争力。在印度，IT技术人才素质较高且培养成本低，为持续促进IT行业发

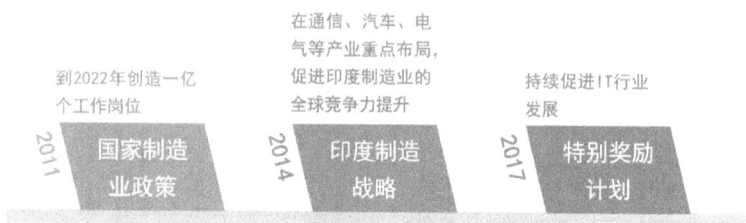

在通信、汽车、电气等产业重点布局，促进印度制造业的全球竞争力提升

到2022年创造一亿个工作岗位

持续促进IT行业发展

2011 国家制造业政策

2014 印度制造战略

2017 特别奖励计划

印度近年制造业相关主要战略规划

展，2017 年，印度推出"特别奖励计划"，投资 15 亿美元于电子产品自主研发领域。

截至目前，制造业正成为印度高速增长的领域之一，一系列举措为印度优化国内产业结构、全面提升社会经济发展水平奠定了基础。

此外，欧盟于 2016 年发布"数字化工业战略"，提出重点关注先进机器人、工业自治系统的研发。芬兰、瑞典、荷兰等国在制造业发展方面也较为积极，虽受国土面积、人口等资源条件限制，但凭借较为坚实的传统工业基础，通过各种创新培养了独到的产业优势。荷兰以开放式创新为主，不断加强政府与学术界、产业界的合作，相互促进、协同发展，培育了很多实力型制造企业。芬兰是欧洲数字化程度较高的国家，在全球创新竞争力、数字生活质量、开放数据等方面独具优势。近年，芬兰凭借通信网络基础设施和网络连接速度，积极布局数字经济，通过信息通信技术与数字化转型，推动经济增长。瑞典是世界上为数不多的可以独立设计研发和生产航空发动机的国家，具有全球领先的电信业，以及医药研究能力，产业与教育体系结合，产业集群较为发达，有爱立信、沃尔沃、塞柯刀具等世界知名企业。

科技飞速发展下，世界各国积极促进实体经济发展，通过鼓励企业向智能化、数字化转型升级，钻研关键和核心技术，争相抢占全球制造业制高点。一系列鼓励工业互联网发展的行动催生了各类新兴技术的飞速迭代，以5G、云计算、人工智能、物联网、云原生、数字孪生、虚拟现实等为代表的创新科技和应用正不断地改变着人们生活的方方面面，正在打破"人—机—系统"之间的障碍。技术的迭代不仅对企业既定的原有模式进行了解构，赋予了产品更强的创新驱动力，也催生了更多新技术和服务体验，制造强国战略的实施和企业创新转型升级等需求已成为全球的急迫议题。

第 3 章 ｜ 中国工业创新蝶变

"三个世界第一"

"世界 500 强企业数量" 中国居世界第一

2021 年《财富》世界 500 强榜单显示，中国企业数量稳居全球第一。

1995 年，世界贸易组织刚成立，中国开始深化改革、扩大开放，榜单上中国企业仅 3 家，而美国 151 家，日本 149 家。2010 年，日本在经济泡沫破灭、人口负增长等众多因素的影响下，企业营收不断下滑，经济发展速度呈现放缓趋势，下降至 71 家，美国 140 家，彼时中国 54 家，具有较大发展潜力和空间。

时至 2018 年，中国 120 家，总体稳中向好，经济增长质量明显改善，结构有所优化，而美国缩水至 126 家，日本下降至 52 家。2019 年开始，中国经济增速稳中渐长，在世界 500 强企业的排名中，中国的 129 家超过美国的 121 家、日本的 53 家，首次成为世界第一。

2021 年，中国企业数量已达 143 家，第三年占据第一！较前一年增加 10 家，上榜企业数量再次超过美国的 122 家、日本的 53 家。

"创新指数"中国居世界第一

1978 年，世界知识产权组织（WIPO）发布报告《世界知识产权指标》（WIPI），《专利合作条约》（PCT）体系首次运行。

1999 年，中国提交的专利申请量仅 276 件。

2005 年，中国的专利申请量为 2503 件，排名第十。美国（46879 件）、日本（24870 件）、德国（15986 件），分别居前三。

2006 年，中国专利申请量出现爆发式增长，为 128850 件，占全球专利申请总量的比例显著提高。此时，日本 514047 件，美国 390815 件，韩国 172709 件，德国 130806 件。

2015 年，中国商标申请量达全球申请量的三分之一，按类计约为 283 万件。此后依次是美国（517297 件）、欧盟（366383 件）、日本（345070 件）、印度（289843 件）。中国、印度和韩国增速明显。世界知识产权格局开始转变，亚洲占据

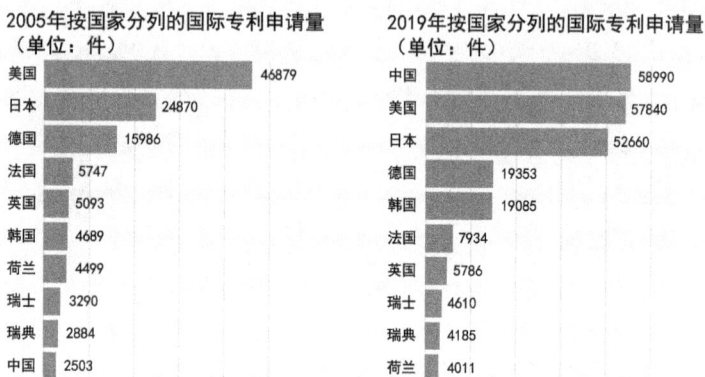

2005年按国家分列的国际专利申请量（单位：件）	
美国	46879
日本	24870
德国	15986
法国	5747
英国	5093
韩国	4689
荷兰	4499
瑞士	3290
瑞典	2884
中国	2503

2019年按国家分列的国际专利申请量（单位：件）	
中国	58990
美国	57840
日本	52660
德国	19353
韩国	19085
法国	7934
英国	5786
瑞士	4610
瑞典	4185
荷兰	4011

2005 年和 2019 年的国际专利申请数据对比

全球知识产权申请量的三分之二，亚洲开始成为全球创新的枢纽。

2018 年，中国专利的受理数量为 154 万件，约占全球总量的 46.4%，此时，美国 59.7 万件，日本 31.4 万件，韩国 21 万件。2019 年，中国国际专利申请数量虽缩减至 58990 件，但仍位列第一，其后为美国（57840 件）、日本（52660 件）、德国（19353 件）和韩国（19085 件）。

1999 年至 2019 年的 20 年间，中国专利申请量增长了逾 200 倍！

2020 年至 2021 年，我国政府和企业加强对新冠疫情的防控和对企业创新的投资，促使科学产出、研发支出、知识产权申请量持续增长，中国继续成为 PCT 申请量最多的国家，稳居世界第一，达 68720 件，涵盖计算机技术、数字通信和医疗技术等领域。2021 年，华为连续第四年成为最大申请来源。中国的知识产权意识和自主创新发展战略已初见成果。

"制造业全球占比"中国居世界第一

目前，中国是全球唯一一个拥有联合国定义的全部工业类别的国家，在 500 种主要工业产品类别中，超 40% 产品的产量中国排首位。2021 年工信部数据显示，中国制造业已连续 11 年居全球第一。2010 年，中国制造业产出仅占全世界的 19.8%，但在 2017 年，这个数据已跃至 28.57%，同年美国降至 17.89%，日本降至 8.16%，德国降至 6.05%。改革开放 40 多年来，中国制造业规模不断扩大，经济实力不断增强。

中国工业设计发展现状

近年来，中国工业发展情况呈现出以下几个显著特征。

中国以工业设计为核心的教育体系、产业规模、集群和行业组织力量日趋成熟。 得益于国家近年对工业设计的政策布局，工业设计奖项赛事呈现明显增长势态。据统计，截至 2021 年 3 月，我国国家级工业设计奖项 1 个，国家行业协会级工业设计奖项 6 个，省级工业设计赛事 26 个，市级工业设计赛事 60 个，高校、社会机构、企业等工业设计赛事上百个。2019 年，国内开设设计及相关专业的高等院校 2000 余所，开设工业设计和产品设计专业的院校近 700 所，开办设计类专业近 10000 个，为我国设计行业创新能力提升起到了良好的教育体系支撑作用。

2020 年，全国工业设计行业组织共 117 个，其中国家级 1
个，省级 30 个，市级 86 个。2021 年，全国各级工业设计行业
组织增至 130 多个。此外，国家级工业设计中心 299 家，国家
工业设计研究院 5 家，省级工业设计中心近 3000 家，全国工业
设计公司约 14000 家，工业设计从业人员超 70 万人，形成了相
对完整的产业业态。

我国多省市建成工业设计基地，包括上海、深圳、无锡、
南京等地，多个城市建成设计小镇，包括广州、杭州、烟台等，
为工业设计集群创造了良好的"双创"条件。相对来讲，东部
发达地区的工业设计规模更为成熟，但是中西部近些年工业设
计势头也十分强劲。我国制造强国战略布局逐步取得成果，工
业创新能力已大幅提升。

从教育体系、行业规模、产业业态等各方面来看，工业设
计在全社会、全行业和全企业中都逐步形成了相对成熟和完备
的职业形态，工业设计已成为推动企业转型升级和促进经济社
会发展的重要力量。

中国工业设计的国际地位和国际合作水平显著提高。自 2016
年起，由中国发起的世界工业设计大会、世界生态设计大会已
成功举办多届，得到了工信部和联合国工业发展组织的大力支
持，获得了全球 50 多个国家和地区的广泛参与和赞誉；国际设
计产业博览会、工业设计周等活动在我国多地开展，北京、上
海、深圳、武汉被联合国教科文组织授予"世界设计之都"称

号；中国工业设计协会与德国、意大利等国共建工业设计中心；上海、北京、江苏、浙江、山东等省市以当地产业为依托，与德国、美国、韩国、意大利、芬兰等国积极开展设计行业交流活动和项目合作。

以创新设计为驱动的企业数量呈快速上升趋势，工业设计成为企业寻求突破发展的重要战略方向。《中国工业设计园区基础数据统计研究》显示，珠三角、长三角等地的制造业已取得较明显成效，建立了多个国家级工业设计中心，小米、腾讯、阿里巴巴、美团、华为、大疆等行业头部企业势头正劲。资本不断涌入设计行业，瑞德、嘉兰图、东成新维、洛可可、创聘等工业设计机构陆续进入，以资本推动设计、商业、技术与体验创新。

中国工业设计知识产权保护力度和意识大幅提升，工业创新能力持续提升。2008年，国务院印发的《国家知识产权战略纲要》提出实施国家知识产权战略，大力提升知识产权创造、运用、保护和管理能力，有利于增强我国自主创新设计能力，建设创新型国家。2021年，中国继续成为专利申请量最多的国家，从过去的以外观专利为主向发明专利、实用专利、外观专利三方面综合均衡发展。

中国工业发展的提升助推了人民物质生活水平提高。工业是我国立国之本，工业与国内生产总值（GDP）增长密切相关。国家统计局数据显示，2020年我国GDP达101.59万亿元，首次突破100万亿元大关，在增速上，也以稳中渐进的速度增长。

这意味着中国经济实力、科技实力、综合国力又跃上一个新台阶，通过工业设计创新为技术赋能，建设头部品牌，提升制造业发展水平，为人民创造美好生活。

中国战略抢占全球新一轮产业竞争制高点

根据艾瑞咨询2021年"新基建"背景下中国工业互联网与工业智能研究报告，中国工业互联网产业经济发展潜力巨大，预计在未来五年，中国核心产业增加值规模将以每年约五分之一的增速保持增长。作为未来战略的重要组成部分，中国制造业重质量的发展模式正取代过去重速度的发展模式，工业创新成为驱动中国经济发展的新引擎之一。

中国工业设计发展稍晚，但有后起之秀之势，发展速度很快。20世纪80年代，教育推动了我国工业设计的初步发展。1991年，我国首次召开工业设计研讨会，提出追赶国际工业设计先进水平的战略目标。2010年，工信部首次将工业设计产业战略研究提升至国家战略层面，并通过本次战略布局推动了产业体系、工业设计人才培养和市场管理等相关产业战略的制定，中国工业设计产业战略自此开始成形。2012年，国家工业设计中心成立，工业设计产业融合战略的制定助推了中国制造业提升。2013年，中国提出"一带一路"倡议，企业通过在国外设立研发部和设计部，进一步布局全球产业链，以上海、北京、浙江、广东等省市的工业产业集群为依托，多方开展与德国、美国、韩国、意大利、芬兰等国的设计交流合作。

2015 年，中国布局《中国制造 2025》。该战略以中国五大智能制造工程、十大研究技术领域及八大政策为支撑，为制造业的发展指明了方向，提出重点开发一批具有自主知识产权的关键设计工具软件，建设完善创新设计生态系统，创立一批具有世界影响力的创新设计集群，培育一批专业化、开放型的工业设计企业，鼓励代工企业建立研究设计中心，向代设计和出口自主品牌产品转变。通过创新驱动制造业来增强工业能力的原则，优化中国产业结构，强调质量高于数量，培训和吸引人才，实现绿色制造。

2016 年"十三五"规划以来，制造强国建设稳步推进，关键核心技术和重大技术装备研制都取得攻关成果，设计政策逐渐完善，交流平台逐渐增多，公共服务逐渐加强，我国的制造业在全球产业链、价值链中位势明显提升。

2020 年 6 月 30 日，工信部、国家发改委等十五部门联合印发《关于进一步促进服务型制造发展的指导意见》，指出要提升工业设计服务水平，推进设计成果转化应用，建立数字化设计与虚拟仿真系统，增强定制设计和柔性制造能力。

2021 年，工业设计被写入《"十四五"促进中小企业发展规划》，有助于赋能中小企业高质量发展，促进改革创新，推动提升产业基础高级化和产业链现代化水平，加快发展现代产业体系。

中国为促进制造业发展的政策规划

发布年份	政策规划
2006	《中华人民共和国国民经济和社会发展第十一个五年规划纲要》
2009	《装备制造业调整和振兴规划》
2010	《国务院关于加快培育和发展战略性新兴产业的决定》
2011	《中华人民共和国国民经济和社会发展第十二个五年规划纲要》
2014	《国务院关于推进文化创意和设计服务与相关产业融合发展的若干意见》
2014	《关于贯彻落实<国务院关于推进文化创意和设计服务与相关产业融合发展的若干意见>的实施意见》
2015	《中国制造2025》
2016	《中华人民共和国国民经济和社会发展第十三个五年规划纲要》
2016	《关于推动文化文物单位文化创意产品开发的若干意见》
2017	《增强制造业核心竞争力三年行动计划（2018—2020年）》
2019	《制造业设计能力提升专项行动计划（2019—2022年）》
2020	《关于进一步促进服务型制造发展的指导意见》
2021	《中华人民共和国国民经济和社会发展第十四个五年规划和2035年远景目标纲要》
2021	《"十四五"促进中小企业发展规划》

随着《中国制造2025》《中华人民共和国国民经济和社会发展第十四个五年规划和2035年远景目标纲要》等创新发展战略的实施，中国新产业、新业态、新产品、新体验、新技术层

出不穷，以 5G、新材料、高端智能化电器、智能语音、动力电池、机器人等为代表的先进制造业，正在成为中国工业经济增长的新动能，中国制造产业数字化、智能化转型正在抢占全球竞争制高点。

另外，中国在电子商务相关领域的经济增长独具优势。数据显示，2010—2019 年，中国电子商务交易规模从 4.55 万亿元增至 34.81 万亿元，年均复合增速达 25%。

中国政府对电子商务行业发展给予高度重视和政策支持。2016 年，工信部发布《信息化和工业化融合发展规划（2016—2020）》，构建了基于互联网的制造业"双创"发展体系，引领生产方式持续变革。2017 年，工信部发布《工业电子商务发展三年行动计划》，提出大力支持中小型企业利用互联网平台开展新业务。2017—2020 年，国务院多次出台指导意见，推进"互联网＋先进制造业"以发展工业互联网，促进智能制造与电子商务融合，推动创新创业高质量发展。

政策和经济全球化的背景推动，大数据、人工智能、数字支付等新兴技术的进步，以及跨境物流体系的发达，为中国电子商务市场的繁荣奠定了基础，淘宝、京东、拼多多、苏宁易购、唯品会、盒马鲜生、超级物种、叮咚买菜、南极电商、有赞等平台的出现带来新经济、新模式、新体验，我国电商经济无论是规模抑或发展速度均处于全球领先地位。

中国制造业强国战略的逐步实施，电商经济对中国实体经济和科技发展的促进，国内市场的繁荣活跃，消费结构转型升级以及强大的消费市场内需，共促中国抢占全球新一轮产业竞争制高点，助推制造业大国向制造业强国转变。

从"中国制造"到"中国智造"

新一轮的工业革命背景下，智能制造是全球经济的竞争焦点之一，制造业的数字化、信息化、智能化是各国战略布局必争之地，也是我国数字经济赋能实体产业的主攻方向。我国在国家战略规划、制造业体系、制造业规模、产学研用体系、科创条件、智能技术、行业环境和内需等层面具有绝对的领先优势，"中国制造"必将实现"中国智造"。

中国产业电商相关政策（2016—2020 年）

发布时间	发布单位	政策名称	主要内容
2016年5月	国务院	《关于深化制造业与互联网融合发展的指导意见》	支持重点行业骨干企业建立行业在线采购、销售、服务平台，推动建设一批第三方电子商务服务平台。
2016年10月	工信部	《信息化和工业化融合发展规划（2016—2020）》	构建基于互联网的制造业"双创"新体系，推广网络化生产新模式，引领生产方式持续变革。

发布时间	发布单位	政策名称	主要内容
2017年9月	工信部	《工业电子商务发展三年行动计划》	支持中小企业利用电子商务等互联网平台开展工艺设计、快速原型、模具开发和产品定制等新业务，推动自身研发、采购、生产、销售、服务等各环节的变革，培育基于电子商务的个性化定制模式。
2017年10月	国务院办公厅	《关于积极推进供应链创新与应用的指导意见》	促进制造供应链可视化和智能化，推动感知技术在制造供应链关键节点的应用，促进全链条信息共享，实现供应链可视化。
2017年11月	国务院	《关于深化"互联网+先进制造业"发展工业互联网的指导意见》	加快建设和发展工业互联网，推动互联网、大数据、人工智能和实体经济深度融合，发展先进制造业，支持传统产业优化升级。
2018年4月	工信部	《工业互联网APP培育工程实施方案（2018—2020年）》	到2020年，培育30万个面向特定行业、特定场景的工业APP，全面覆盖研发设计、生产制造、运营维护和经营管理等制造业关键业务坏节的重点需求。

续表

发布时间	发布单位	政策名称	主要内容
2018年9月	国务院	《关于推动创新创业高质量发展 打造"双创"升级版的意见》	加快发展工业互联网，与智能制造、电子商务等有机结合，共促共进。
2019年2月	商务部等十二部门	《关于推进商品交易市场发展平台经济的指导意见》	发展"市场+平台+服务"模式，构建线上线下融合、上下游协作等生产资料流通体系。
2020年3月	工信部	《关于推动工业互联网加快发展的通知》	提出加快新型基础设施建设、加快拓展融合创新应用、加快工业互联网试点示范推广普及、加快壮大创新发展动能、加快完善产业生态布局和加大政策支持力等6方面20项措施。

优势条件一：我国制造业发展受国家顶层架构的高度重视和重点规划

我国工业设计历经了40多年的发展，在党中央和国务院、工信部等国家部委和省市地区的大力推动下，我国工业设计体系已成规模。为助力我国建设创新型国家，2009年起，我国着手布局促进工业经济增长规划，连续出台"十一五""十二五""十三五""十四五"等规划和《中国制造2025》等行动纲领，鼓励支持以制造业为主的工业经济发展。通过国家引导产业发展和引流高端人才区域就业，持续完善市场监管体系和知识产权法律法规，引导企业自主创新等政策，我国工业设计已经从"追赶式发展"成功转型为"先进性发展"，工业设计水平和创新能力已处于全球领先地位。

优势条件二：我国具备完备的工业体系、规模和世界工厂级别的制造能力

与世界各国相比，中国是世界第二大经济体，拥有联合国定义的全部工业类别，具有较大的工业规模和性价比极高的"世界工厂"能力。

改革开放以来，中国以最快的速度完成传统制造业、高技术制造业的发展，各个行业的产业链已较完备，且从传统行业到新兴行业分布较广。

我国消费内需较大，第七次全国人口普查结果显示，中国2021年人口共141178万人，有研究认为，由于中国市场具有劳动力多、成本低廉、内需市场较大、消费需求多元等优势，"世界工厂"将长期留在中国。中国最完备的制造体系和强大内需，为中国实现从制造到智造转型提供了先决条件。

优势条件三：我国具备完善的产学研用体系和科创条件

中国拥有完善的产学研用体系。为全面提升制造业科研创新能力，发展设计人才创新能力，培养优秀的工业设计人才，改革开放以来，我国工业设计通过不断努力在政策上和规划上发力，促进产业和高校产学研用融通结合。

近年，全国陆续成立了由企业、科研院所、高校组合而成的国家制造业创新中心。至 2021 年，国家级制造业创新中心达 21 个，涵盖以 5G、新材料、高端智能化电器、智能语音、动力电池、机器人等为代表的先进制造业领域。在工业设计教育中，我国逐渐注重培养具有综合素质的创新设计人才。为培养跨学校、跨学科、项目制的复合型、应用型、实战型创新人才，各高校与各企业、科研单位采取跨学校、大学与产业联合、教育与科研联合、科研与市场联合等办学模式。迄今为止，大量省市级高水平设计基地、设计园区、设计奖项和设计组织等平台在我国涌现，为行业不断孕育新模式、新业态。

优势条件四：我国电商行业的领先优势为人工智能、大数据和物联网技术蓄力，持续为智能制造赋能

虽然中国的关键技术和自主创新能力仍有发展空间，须集中力量突破一批"卡脖子"关键技术，但是电商经济成为中国经济发展的主力，为中国智能制造持续赋能。

2013 年起，中国已连续五年稳居全球第一大网络零售市场之位，电子商务业态模式创新层出不穷，质量和服务水平也不断提高，深刻改变了中国经济和社会的发展格局。移动支付、直播带货、团购、社区购、互联网金融、外卖配送等新业态在电商行业中发展壮大，我国物流体系逐渐完善，电商平台与线下的商超实现了互补、联动协调发展，正由相互竞争加速向合作共赢转变。中国电子商务高质量发展的态势明显，线上与线下的融合关系日渐紧密，新技术、新经济、新服务不断涌现，大数据、云计算、智慧物流、人工智能等新技术的广泛应用，带动产业数字化转型。

中国电商行业的领先地位和物流体系的发达，大数据、人工智能和物联网技术的发达，我国在工业互联网、数字化供应链、智能制造等方面独具的数据资源和智能技术优势，为实现"中国智造"奠定了良好基础。

优势条件五：致力于同一个目标，共同努力创新的行业环境

中国制造强国战略布局成功取得了阶段性成果，中国工业设计创新能力已大幅提升。过去的十几年里，在国家的支持、推动和全行业共同努力下，我国工业设计已经具备向国际领先水平转变的机会和能力。以工业设计为核心的教育、产业规模集群以及行业组织等力量日渐成熟。工业设计奖项和赛事明显增多，国内培养设计及相关专业人才的能力不断增强，国家及各省市工业设计行业组织活动丰富，多个城市建成设计小镇、工业设计基地、工业设计园，越来越多的中国企业布局全球产业链，如华为在法国巴黎成立第六家研究所，小米在芬兰建立研发中心，海尔在日本、印度设立研发中心，依托国际科技、学术成果和工业基础等资源优势，增强国内企业科技自主创新能力，推动国内产业转型升级，持续促进我国经济高质量发展。

在未来5—10年的关键发展期，中国继续坚持走中国特色自主创新道路，以国际视野制定工业创新计划，以工业设计为核心应用"创新设计"模式，将设计服务领域不断延伸，促进企业架构、管理、体系、文化、产品和服务模式不断升级，持续提升我国工业设计发展影响力，讲中国的故事，做世界的产品，助推"中国制造"向"中国智造"成功转型。

讲中国的故事，做世界的产品

当下，中国的工业设计和制造水平已经位居世界前列，重大工程装备系统集成和创新设计能力已居国际前列。航母、C919大型客机、北斗卫星、嫦娥五号、海斗一号、高铁等高精尖技术不断取得世界瞩目的成果，通信设备、先进轨道交通装备、输变电装备、纺织、家电等产业居世界前列，无数代表着尖端水平的"中国品牌"走向了世界。

经过40多年的发展，工业设计在中国取得飞跃式进步。2008年北京奥运会、G20杭州峰会、世界互联网大会、2022年北京冬奥会等重大活动，设计也在其中扮演了不可或缺的角色。世界工业设计大会多次在中国召开，各界一直非常重视工业设计对产业高质量升级发展的作用。

如何运用工业设计将"中国故事"讲好，是中国企业共同的使命。

2020 年 11 月，工信部工业文化发展中心发布的《中国设计产业发展报告（2019—2020）》指出，要主动适应新一轮产业革命的新形势，坚持"开放融合"的发展方向，促进国际交流与合作，让世界看见中国设计之美，让世界共享中国创新设计成果。许多企业都非常重视工业设计，建有国家级工业设计中心，通过工业设计为技术赋能，建设著名品牌，创新美好生活。产业因工业设计而更具活力，世界因工业设计而更加美好。

强根展须而繁新，拓源纳流而创奇。经历了工业生产时代和网络知识时代，到如今的智能时代，工业设计发生了巨大的变化。当代企业和设计师有义务将具有中国特色的设计与五千年中华文明有机融合，讲中国的故事，做世界的产品；有义务秉持低碳高效、可持续发展、绿色清洁等设计理念，创造新的生产和生活方式；有义务积极挖掘、探索、解构、传承我国的传统文化，建立中国设计理论与风格范式，整合人本、艺术、文化、技术、商业，创造新的产品、系统和服务，实现设计自信和文化自信，促进"中国制造"走向"中国设计"，提升"中国品牌"的世界影响力。

第二部分

循迹·创新设计之策

PART 2

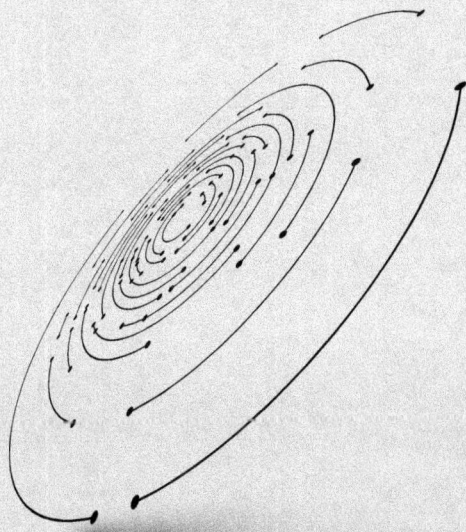

循迹·创新设计之策，"策"意为策略、计策，"循迹"，依循着他人足迹摸索自身规律、方法。这部分以企业在转型升级过程中的实例研究，详细分析企业如何通过模式创新与设计创新，促进产业升级、创造美好生活、增强文化自信、自主创新创业、整合科技之真、助推制造强国。

最近几年，我国着力促进科技创新，产业转型升级步伐加快，制造业规模不断扩大。全球产业链、供应链在新一轮科技革命和产业变革环境中正加速重构。

我国工业经济整体保持增长趋势，制造业发展之路稳步前进。《2018—2019 年中国工业发展质量蓝皮书》显示，2018年，我国工业增加值首次突破 30 万亿元，比前一年增加 6.1%。2020 年二季度，中国经济增长实现了由负转正，由一季度的同比实际下降 6.8% 提升为二季度的实际增长 3.2%，整体经济稳步复苏态势明显。2021 年 7 月，工信部指出，2021 年上半年工业经济持续稳定恢复，工业生产以平稳的速度增长，全国规模以上工业增加值同比增长 15.9%，制造业增加值同比增长17.1%，制造业增速快于整体工业增速。

随着政策推进和行业发展，装备制造业、高技术制造业取得了阶段性成果。《2018—2019 年中国工业发展质量蓝皮书》显示，2018 年，计算机、通信、其他电子设备制造业出口交货值占比 44.8%，我国工业产品的国际竞争力显著增强，我国制造业产出规模居世界首位，中国装备制造业增加值占规模以上工业比重为 32.9%。国家统计局数据显示，2020 年，装备制造业、高技术制造业利润对比前一年分别增长 10.8%、16.4%，是同期规模以上工业企业利润增速的 2.6 倍和 4 倍。2021 年一季度，装备制造业和高技术制造业增加值分别同比增长 39.9%、31.2%，两年平均分别增长 9.7%、12.3%。装备制造业、高技术制造业增速明显高于其他行业板块。

"十三五"期间，我国制造强国建设取得显著成就，一批关键技术和产品取得重大突破，增幅持续领先。中国的装备制造业、高技术制造业等高端制造业在国际上地位持续提高，成为带动我国制造业发展的重要力量。

第 4 章｜战略为纲：设计，服务国家战略

重大技术装备标志着一个国家制造业的发展能力和水平。近年来，中国积极布局制造强国战略，持续推进 5G 通信、大飞机等重大科技专项，装备制造业和高技术制造业整体实力明显增强。

2021 年 3 月，第十三届全国人民代表大会第四次会议的政府工作报告指出，中国在载人航天、探月工程、深海工程、超级计算、量子信息等领域取得一批重大科技成果。"十三五"时期，天问一号、嫦娥五号、奋斗者号等突破性成果不断涌现，创新型国家建设成果丰硕，装备制造业成为牵引我国制造业发展的重要力量。中国中车、徐工集团、中国商飞等装备制造企业持续领跑，进行了一系列转型创新。中国中车制造的轨道交通设备、徐工集团的起重设备、中国商飞自主研制的 ARJ21 飞

机等产品已跃至世界先进水平，在全球的轨道交通、工程机械、航空航天等领域异军突起。

创新设计是服务制造强国战略的关键动能之一，在推动制造业高质量发展的进程中，众企业通过"模式创新+设计创新"，使国之重器在国际舞台上大放异彩。

"管理+设计"，大飞机实现航空强国梦

大飞机体现国家高端制造的水平能级，关乎航空产业的核心竞争力。航空工业属于高科技产业，是中国具有战略意义的重大产业。《国家中长期科学和技术发展规划纲要（2006—2020年）》指出，国家大型飞机重大专项是国家16项重大科技专项之一。

2019年9月28日，恰逢新中国70华诞即将来临之际，中国商用飞机有限责任公司（简称"中国商飞"）正在江苏省南通市向成都航空交付第15架ARJ21飞机。为庆祝新中国成立70周年，中国商飞为成都航空ARJ21飞机特别设计了"中国梦"主题的彩绘涂装，简洁的几何图形勾勒出北京、上海、成都的城市代表建筑，展现出新中国成立以来取得的辉煌成就，可爱俏皮的国宝大熊猫穿插其中，以五彩斑斓的中国梦为祖国生日献礼。

大型客机是国家科技水平和综合国力的集中体现，大飞机是中国商飞助推中国高端制造业发展的一项有力创新设计实践。

ARJ21飞机是中国自行研制，具有自主知识产权的新型涡扇支线飞机。从Y7到ARJ21的飞跃，见证了中国商飞设计实践的创新成果。中国商飞从产品的市场研究、外观造型、功能需求、客户体验等展开全方位自主创新，在提升民机安全性、舒适性和友好性的同时，也兼顾中国商飞的基础预研与科技的创新力、工业设计到工程设计的转化力、创新设备的研发力、设计虚拟的验证力、飞机改装的设计力、对客户的支援力及3D打印和模型制作等的技术力提升，助推中国航空行业的标准进步，大幅提升中国制造业高端科技的发展水平。

中国商飞创新设计蓝图

随着知识经济时代和信息时代的来临，企业的长足发展离不开管理模式的不断优化更新，企业需要通过现代化管理模式创新促进企业可持续发展。在企业管理层面，中国商飞通过一系列举措优化管理模式：通过创新精神、创造精神和奉献精神的培养凝聚企业精神；通过1个目标、2类产品、3大体系、4项支撑、5大统筹、6种关系制定发展思路；统一企业使命、企业愿景、企业目标等核心理念；规划企业长远发展策略，如发展方针、发展原则、发展理念、技术路线等；树立一套完整的客户、质量、安全、人才、成本、廉洁等管理观念。

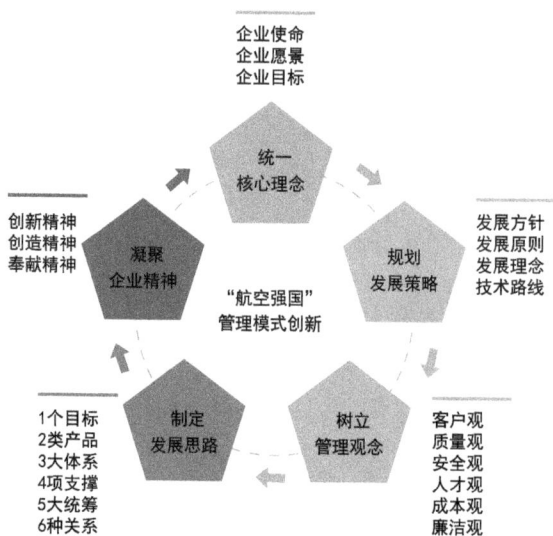

中国商飞"航空强国"管理模式创新

中国商飞通过重塑企业管理模式、自主设计研发等创新，实现了航空强国梦，推动中国高精尖科学技术发展进程，显著增强中国综合实力和国际竞争力，对加快建设制造强国、服务国家战略具有重要意义。

"一体两翼"，"数自化"抢占全球工程机械市场

艾瑞咨询《2019年中国制造业企业智能化路径研究报告》显示，近年来，中国经济发展已由高速增长阶段逐步转向高质量发展阶段，以制造业为代表的实体经济是中国高质量发展的核心支撑力量。2020年6月30日，《关于深化新一代信息技术与制造业融合发展的指导意见》指出，新一代信息技术与制造业的加速融合是全球制造业发展的大势所趋，也是支撑中国由"制造大国"向"制造强国"转变的重要保障。智能制造是提高产品质量、提升企业经济效益、转变生产方式的重要手段，也是中国制造业提质增效、转型升级的必由之路。

徐工集团是中国工程机械行业规模宏大、产品品种与系列齐全、在全球独具竞争力和影响力的大型企业集团，生产制造包括工程起重机械、桩工机械、非开挖机械、矿业机械、隧道及地下空间机械等产品。

为加快新旧动能转换，在推进智能制造和产业转型升级优化的过程中，徐工集团采取了"一体两翼"的策略创新，以策略创新驱动发展为核心全力推动制造业转型升级。

在智能制造的系统性工作中，依托大带宽、低时延、广连接、高可靠的5G网络进行总体布局，即"一体"；"两翼"则涵盖传统装备的数字化升级和生产线的自动化改造。

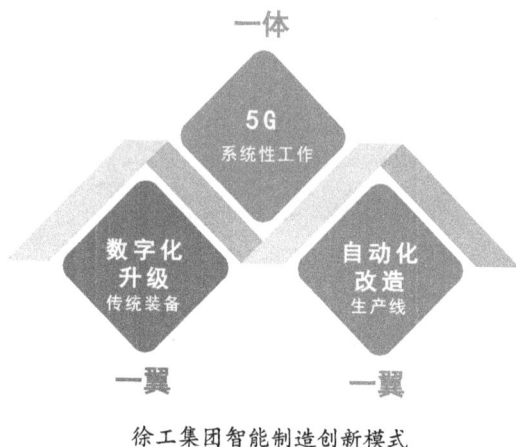

徐工集团智能制造创新模式

其中"一翼"为传统装备的数字化升级。徐工集团将设备联网系统、高级计划排程系统、质量管理系统等全部连接，所有数据汇总至中央集控指挥中心。这些看得见的生产线和看不见的数字化系统组成一座徐工集团的未来智能工厂。

徐工集团将可视化的虚拟现实技术融入产品创新设计环节，实现模拟评审系统数字化。运用先进的视景仿真技术进行产品造型、结构、人机等研发和推广，利用传统三维数字技术和虚拟现实技术搭建虚拟样机、可视化评审平台。模拟评审系统数字化有利于在产品的研发阶段及早对虚拟样机进行造型、配色、材料、结构、人机舒适度等方面的测试评估，发现问题，规避风险。

2009年5月，为提高产品核心竞争力，徐工集团建立工业设计中心，2015年该中心被授予"国家级工业设计中心"称号。徐工集团优化了设计资源保存模式，搭建了SAP产品数据管理系统，将研发、设计资源部署在"云端"，产品设计数据可随时全球连线，有利于集合世界各地的研发力量，最大限度调动最优资源，显著缩短研发周期；徐工集团将所有工程图纸电子化，图纸在使用时随时调取查看，永不丢失又方便传阅；实现合同在线发起、签署、存储及查阅调用等一站式管理，革除了纸质合同流程繁、效率低、成本高、风险大等弊端。

另"一翼"是生产线自动化改造。生产线是机械制造企业的根基。作为大型机械制造企业，制造线就是生命线，低效生产会直接导致企业经济减产。为全面革新制造流程，徐工集团决心打造一条全智能化的生产线。历经 10 年的工艺积累、2 年的研发制造和 4 年的建设攻关，从设计图的不断推敲更新到工人作业、岗位设备、空间布局、作业角度的反复测试，徐工集团的智能制造生产线于 2020 年正式完工，这是全球起重机行业的首条大型结构件智能化焊接生产线，现已全线贯通并投入运行。

整条智能生产线长达 240 米，10 台智能焊接机器人屹立在智能车间的前端，有条不紊地忙碌着，一位工人一条线能负荷以前 36 名电焊工的生产任务，装配出一辆中小吨位的车载起重机平均只需 20 分钟！至 2019 年 11 月，智能化生产线已运行1932 公里，成功生产 20018 台起重机。智能焊接生产线的搭建为徐工集团的生产大幅提效，为赋能徐工集团长期发展起到关键性作用，为徐工集团的产品在世界霸气亮相打下坚实基础。

在 2019 年世界智能制造大会上，徐工集团获评重型智能制造标杆企业，是工程机械行业唯一一家入选的企业。英国 KHL 发布 2021 年全球工程机械制造商 50 强排行榜，徐工集团击败美国的约翰迪尔，成功跻身前三。

工业设计助力"中国轨道"领先世界

中国高铁以一己之力推动了中国高铁工业和轨道交通装备制造行业的整体发展，取得了举世瞩目的成就。自 2007 年开通运营后，中国高铁历经十多年的蓬勃发展，至 2018 年底，中国高铁营业里程超 2.9 万公里，超过世界高铁总里程的三分之二，高铁动车组累计运输旅客破 90 亿人次，属世界第一。

曾几何时，中国高铁也存在一些难题，如高铁车辆检修备用率高、舒适性和用户体验一般、车型家族化不强等。为此，中国中车股份有限公司（简称"中国中车"）在实践中以工业设计创新为主导，坚持自主创新、开放创新和协同创新融汇，逐一改善了这些问题。

2018 年，中国快递业务收入达 6038 亿元，较 2017 年增长了 21.8%，但中铁快运的高铁快运收入约 2.9 亿元，仅占快递行业的万分之五。为填补高铁快递的空白，中国中车采用了功能简捷、分区清晰的简统化分区设计，为快件运输提供更佳的物流解决方案。设计上层为餐车，下层是一个可容纳 60 立方米、载货 8 吨的快捷运输舱，利用高铁网络和速度优势，预计每年可为高铁快递增创 1500 亿元的盈收。

世界高速列车从诞生起，半个多世纪以来一直是固定编组形式，整列购买、整列运营、整列检修为维修、运行安排和资源调配均带来很多不便。

基于以上因素，中国中车以模块化设计开展了自主性创新，自主研发了 3X 可变编组的动车组系列，采用可独立或编组运行的模块化车身。这种设计方式解决了很多问题。一列动车组由上万个零部件、上百个单元、几十个系统组成，现有动车组如需维护保养要整列进行，单元组成以上的故障至少需几个工作日甚至几周才能修缮完成，一个小故障导致整列车入库维修无疑降低了车辆使用率。

模块化设计是一种设计实践常用的创新方式，是绿色设计理念的一种。模块化设计的原理是按照功能与集合方式划分，组合成灵活而多变的式样。若车身故障可分节抽出检修，或多节车组成一个超大容量的动车组，能缓解客流量大的问题，延长使用周期，也方便运输。编组变化、模块化等设计创新不仅满足用户群差异化的使用需求，还能适应各种运用模式和运营环境需求，利于缩短考核时间和准入流程，同时设计为列车服务，使使用体验升级。3X 可变编组的动车组系列的牵引传动系统、列车网控、座席布局在国内是独树一帜的全新设计概念，对铁路行业的创新意义重大。

为提升坐乘环境，中国中车在分析了乘客的行为、生理、心理因素后，从室内通风环境、光线照明环境、声音广播、温度、外观等维度进行了新型卧铺动车组的改良设计，舒适性和收益也明显提升，新型卧铺动车组仅42天的运营售出了13146张票，收入增加854万元，增收率达32.7%，全年营收0.74亿元。经国家铁路局问卷调查，新型卧铺动车组得到了旅客98%的高度认可，提升了大众出行品质，实现了盈利口碑双丰收，促进了高铁经济发展。

为改善京沪线、京津城际、广深城际铁路线路运能不足、舒适性差等问题，中国中车对动车组进行了双层改良空间设计，载客量提升50%，通过设计手段大大改善了东部高铁线路运能问题，助力中国高铁经济发展。

中国中车通过反复碰撞实验分析使座位尺寸设计更符合人

新型卧铺动车组设计

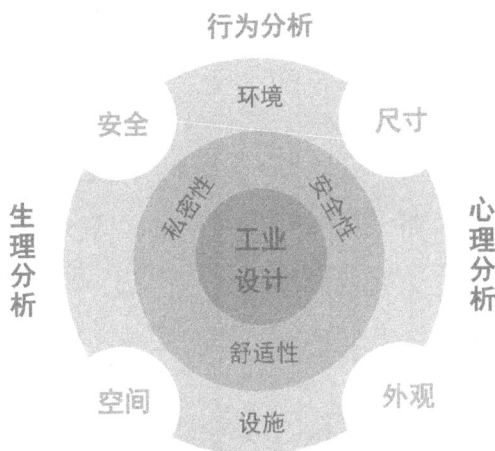

中国中车以工业设计创新为主导的产品研究法

机工程学，提升了乘坐的安全性，为每项设计、研发、制造制定严格数据标准，实现列车组在服务功能、运用维护上统一，利于系统的优化升级及验证。

中国中车运用创新设计助力提升高铁乘运品质，推动中国轨道装备制造业的绿色可持续发展，助力"中国速度"持续引领世界轨道交通先进水平。

中车株洲电机有限公司是中国轨道交通领域工业设计的先行者。1998年，中车株洲电机有限公司率先在行业内成立工业设计部门，该部门至今已发展为拥有超70名专业设计师的国家级工业设计中心。很多产品获得国际设计大奖的认可，如五模块储能式现代有轨电车获得德国iF设计大奖；2018年，设计的产品获得"中国设计智造大奖"金奖。马来西亚城际动车组的设计以马来虎为外观仿生，外观涂装了富有东南亚热带雨林特色的黄、红、蓝色进行搭配，内饰融人穹顶、棕榈叶等元素，整体的别致设计不但给人强烈的视觉冲击，而且富有地方特色。通过一系列工业设计创新实践，中车株洲电机有限公司的服务模式也由输出"产品"向输出"设计+制造+服务"的商业模式转型。

第5章｜产业为基：设计，推动产业升级

制造业是国民经济的命脉所系，是经济高质量发展、国际竞争力提升的战略性重点。

中国传统产业改造升级已取得新进展，据国家统计局数据，2019年中国传统产业技术水平和先进产能的比重持续提升，技术改造投资占工业投资的比重达47.1%，比2016年提高了6.5个百分点。互联网技术、数字化智能化制造技术已广泛融入制造企业研发、设计、生产等各环节。截至2020年，中国已建成70多个有影响力的工业互联网平台，工业APP突破25万个，连接工业设备的数量达4000万套。

2020年11月，工信部工业文化发展中心发布的《中国设计产业发展报告（2019—2020）》指出，主动适应新一轮产业革命的新形势，将设计更好地融入生产制造和商业运行全周期。

持续推进制造业数字化和智能化转型，坚持"设计+产业"的融合，推动设计赋能中小企业，促进制造业整体水平提升。

新一轮产业竞争背景下，许多传统制造企业谋求长远发展，从依赖工业制造和技术革新的经济增长方式逐渐向"设计驱动+平台创新+管理创新"转型。永艺家具、老板电器、长虹电器、金牌厨柜、东风汽车等企业通过工业设计自主创新成功转型升级，使产品成功摆脱"廉价制造"，赋予产品"原创设计灵魂"，夯实了传统制造业基础，成为国内外传统制造业转型的标杆。

国之根基数智化，传统制造漂亮仗

重视创新设计力量，运用设计手段重整产品供应链、研发链、生产链、商业模式等，促进产品价值增长，提升产品销量和核心竞争力。

永艺家具股份有限公司（以下简称"永艺"）围绕产品设计中心点——"撑腰"，从科技研发、品牌形象、创新战略、品质把控的"战略层创新"，到用户需求研究、人才合作的"结构层创新"，再到产品设计的"表现层创新"，成为中国椅业的开拓者和引领者。

永艺主打"坐健康"，通过科技设计传递生活态度，将创新设计作为企业发展的主要源泉。永艺将每年销售额的3%投入产品研发，使产品研发团队的设计师深挖产品需求、用户痛点和座椅的人机工程学，以创新设计和用户需求充分指导整个

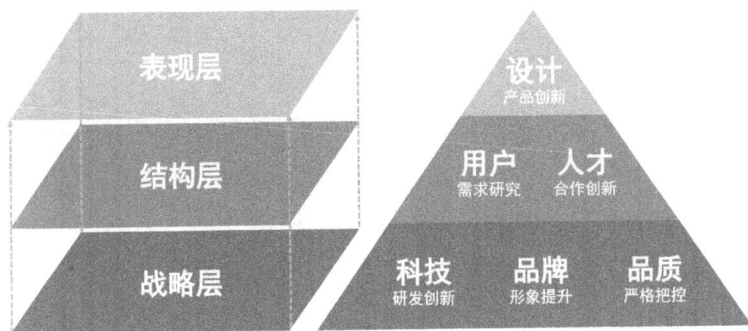

永艺的产品创新模式

产品开发流程。

多平台合作，吸纳设计人才，开拓科技创新。永艺充分挖掘校企合作模式，如与浙江大学等高等院校或企业合作，成立创新设计中心，长期与美国、德国、日本、韩国等国的专家和设计团队紧密合作，深入研究人机工程学，深耕健康坐具的关键核心技术，引进并培育创新设计人才，不断推进科技创新成果的转化。

搭建多个研发中心，注重品质严格把握。为此，永艺建立院士工作站、国家级工业设计中心、省级高新技术企业研究开发中心和省级企业技术中心。永艺团队在产品的前期设计阶段强调"功能创新、技术创新、材料创新、设计创新和应用创新"，不断研发新产品以满足消费者工作、生活和娱乐的需要。

永艺重视原创，坚持自主创新设计，走自主知识产权之路。截至2021年，永艺累计申请专利几百项，获德国iF设计奖、红点至尊奖、"发明创业奖·项目奖"金奖、最佳功能奖、外观设计奖、最佳制造奖等设计界多个奖项。

近几年，永艺最广为人知的产品是2016年为G20杭州峰会开发的"领袖座椅"，立足中国制造，充分结合中国元素，以精湛工艺和创新设计为"中国制造"提升价值，在世界舞台上争得席位。

中国制造走向世界——G20领袖座椅

2015年11月，永艺接到一项特殊任务。2016年9月，二十国集团领导人第十一次峰会（简称"G20杭州峰会"）将于杭州盛大举行。作为金砖国家领导人及双边会议用椅唯一提供商，永艺将为峰会提供"领袖座椅"。

永艺接到重任，第一时间召开圆桌会议，召集浙江大学教授专家和杭州骐雄科技有限公司的资深座椅设计师团队，讨论领袖座椅的设计理念和主题。

经过深入研究，G20领袖座椅的设计主题确定为"容"。"容"上为宝盖，意为"宫殿楼宇亭榭之顶"，住有其屋，安全；下为谷，粮食，温饱，意为丰衣足食。同时基于天下大同的中式哲学思想衍生出"天下来同"，象征全球经济发展创新、活力与联动，对应峰会就全球政治、经济、科技、文化融合交流的主旨，与G20会议主题"构建创新（Innovative）、活力（Invigorated）、联动（Interconnected）、包容（Inclusive）的世界经济"相呼应。

容

拼音	róng
部首	宀
繁体	容

G20 领袖座椅的设计主题为"容"

经团队层层会议研讨，最终敲定座椅的设计理念为"健康、厚重、科技、文化"。以健康为基准，坐姿舒适、身心健康、材料环保；以厚重为核心，代表稳重、大气、安全、可靠；以科技为代表，世界思考、本土设计、精益制造；以中国为气质，江南风格、国际风范为文化理念。

在设计风格上，设计团队将中国文化元素巧妙融入现代的座椅设计中。设计团队甄选出 6 套精选方案，经层层评审，最终精选出一套方案。最终的座椅整体十分具有东方气质，将举办地"江南文化"的特色元素融入，嵌入三潭印月、亭、桥等江南文化符号。材质是全皮与木头的融合，骐雄科技在木质扶手的设计中融入中国的"祥云"图案，端正饱满的软包设计简约又彰显自信、稳重，椅脚及靠背的木装饰融入G20 会徽线条。古与今文化的融入，寓意世界经济一体化；座椅产自东方江南，外形简洁大气且稳重，对应了庄重的使用场合，庄严之余又符合领袖风采。

永艺出品的 G20 领袖椅

G20 领袖座椅的产品细节

座椅的设计充分考虑了领导人久坐的情况，因此研究了座椅人机工程学，采取了全方位舒适性设计。座椅的靠背角度略直以引导端庄坐姿，亲肤恒温海绵材料减小背部压力，无痕、无化学涂装皮坯达到了最高环保等级，贴合背部时不会感受到靠背的反弹压力。通过多种人性化细节推敲和测试，最终为峰会献上这款名为"我撑你"的领袖座椅。

永艺创新设计团队的"我撑你"设计，充分展示了文化创意设计的魅力，将江南的韵味、中国文化与现代科技融为一体。一流的设计加一流的制造是科技与艺术的完美融合。领袖座椅在 G20 杭州峰会期间服务了多个国家的领导人，座椅设计团队将艺术、文化、设计、人本、科技融合，使整椅体现出大国的坦然气度而不失主办地婉约的亲和力，以江南文化为代表向世界传递了中国文化与自信。

该座椅为永艺与浙江大学研究团队、骐雄科技设计团队合创的产品。骐雄科技依托浙江大学创新实验室，是一家以研究型设计为业务主线，"艺术+技术+商业+人本+文化"五轮驱动的综合性创新设计服务机构。

骐雄科技关注国际前沿、国家战略和企业转型升级需求，通过以市场为导向、以用户为中心、以设计为牵引、以科技为支撑、以产品为媒介的模式，通过"产业提升=（创意+技术）×设计=商业"的交叉整合创新理念，特别为传统产业由内而外的创新、智能化提升制造业提供了解决方案，帮助企业提升产品、服务、商业模式及品牌竞争力，推动经济增长动能转换和双循环发展。其主要涉及健康、智慧产业、航天、装备、家电、文创、信息与交互领域的创新设计咨询和产品开发设计服务等。

米勒特（Mellet）座椅由骐雄科技为主导进行研发与设计。该座椅的核心技术为座背联动，它能够解决"跑腰"和"搓背"

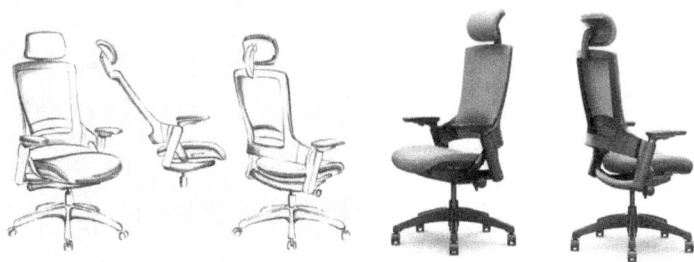

米勒特座椅

的问题，主要特点如下：

（1）在倾仰过程中的任何角度，座椅腰靠都始终紧贴人体腰部，并为向前凸起辅助支撑，保证脊柱稳定性；

（2）座椅靠背在倾仰过程中的任何角度始终紧贴人体背部，不发生位移，保证座椅舒适性；

（3）在人倾仰过程中，座椅座面推动人体向前移动，人体重心同时向前移动，适度补充向后倾仰带来的重心不稳问题，且人椅占用办公位较小；

（4）在人倾仰过程中，座面前端抬起，避免对大腿的压迫；

（5）座椅靠背倾仰角度35度可满足舒适休息的需求。

培育人才，多方同驱，引领烹饪变革

实现工业强国，核心技术和创新型人才缺一不可。人才是第一资源，创新型人才必不可少。为配套企业总体发展战略实施，企业须进一步健全人才发展体系，为中国实体企业持续发展贡献力量。

2021 年，一款名为"集中式油烟排放系统——老板中央吸油烟机CCS3.0"的作品获得了中国设计智造大奖（DIA）金奖。该作品是一项基于智能云平台 3.0 网络、人工智能算法、联动中央油烟机与终端、集中式排放的城市油烟解决方案。该方案摒弃传统，完全颠覆了传统排烟组织逻辑，从个体厨房油烟排放转向社区系统空气净化，达到去除油烟的目的。经测试，中央智能云平台、实时监管和集中处理一套流程下来，油烟净化效率达99.5%。该设计源于日常生活而超越常规油烟机功效逻辑，是一次厨电行业绿色技术的生态创新，也是一次基于智慧城市的未来智能生活系统创新。该作品来自中国厨房电器领先企业——杭州老板电器股份有限公司。

杭州老板电器是中国专业生产油烟机、灶具等家用厨房电器的生产企业。其总部位于杭州，创立于 1979 年，历经 40 余年发展与壮大，老板电器在中国厨房电器行业市场份额、生产规模、产品类别、销售等领域都持续领先。在多年发展过程中，老板电器为促进企业创新力发展健全了设计创新、人才培养、人才引进以及合作体系等，在行业中具有重要借鉴意义。

成立创新设计平台，重视知识原创

老板电器 2003 年成立设计师团队，2015 年老板电器的设计部门被浙江省评为"省级工业设计中心"，2017 年被评为"国家级工业设计中心"。老板电器将设计定义为产品创新之源。目前，老板电器共申请 1000 余项专利。2008 年至今，老板电器获 60 余项产品设计奖，涵盖 iF、红点、中国红星等国内外权威奖项，参与核心产品有关的安全、性能、节能环保等国家、行业及团体标准的制修订共 55 项。

老板电器致力于研究工业设计相关数字化技术、人机交互技术，并搭建相关平台，大力发展产品外观、结构、功能等工业设计服务，品牌从过去强调产品功能逐渐向设计之美转变；通过设计之美提升产品附加值，拓展品牌商业空间和消费者想象空间，有利于打通家电、家居产业每个链块，拉动整个家电、家居行业转型升级。

人才培养计划从内部和外部双向开展

2011 年至今是老板电器实现变革与领跑的关键时期。为完善创新人才体系，2014 年 10 月，老板电器正式成立老板企业大学，以老板公司内部员工和分公司、代理公司的高管、中小型实体企业的相关管理人员为培训对象，设立了多项人才计划、超级课程及特色课程，传承文化、创新知识、培育人才、整合资源、变革管理，实现人才增值，提升企业综合竞争力。

内部人才计划包含针对社招新员工的"蓝鲸计划"，针对应届大学生的"柠檬项目"，针对各部门不同职能培训的"向日葵项目"，针对中层培训公司文化战略的"常青藤项目"，以及增加高层凝聚力、学习力的"彩虹计划"等。

外部人才计划主要为培养分公司及代理公司总经理，包含针对分公司级代理公司关键人才培养的"千人事业合伙人培养计划"、与长江商学院合作的"卓越领导者项目"。

超级公开课邀请资深专家针对行业最前沿动态和热点、观点等进行不定期分享。特色课程囊括人才发展、岗位序列、任职资格、职场通用等课程体系，面向企业经营决策层、企业高级管理者、生产总监等的"工业 4.0 与智能制造学习项目"和中小实体企业董事长、总裁、高级管理人员的高端品牌研修班等。

老板电器的企业人才培养体系为中国中小实体企业探寻新常态下的品牌经营之道和转型升级之路提供了非常重要的借鉴。除健全的人才培育体系外，老板电器在智能制造、技术研发、孵化合作等方面也具有典型性。

老板电器建造了超 200 亩（约 13.3 公顷）的数字化智能制造基地，以基础技术驱动产品创新，以数字化、智能化引领中国制造发展。2016 年，该项目被工信部评为智能制造试点示范项目、智能制造综合标准化与新模式应用项目，获"厨电行业唯一试点数字化智能制造基地"等称号。

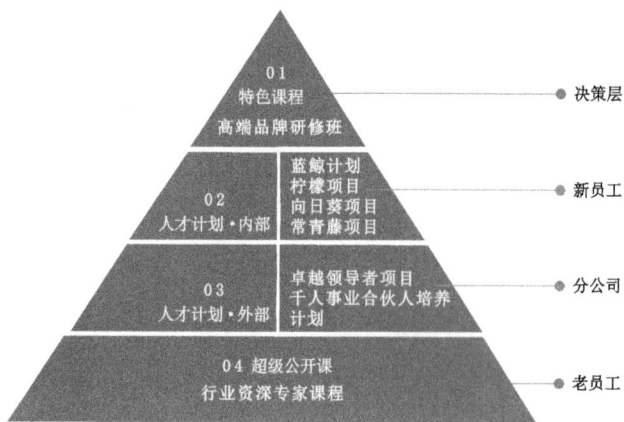

老板企业大学人才培养体系

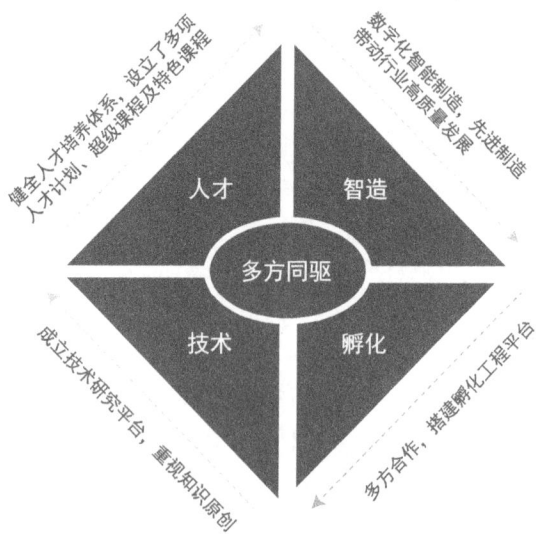

老板电器创新模式

多方合作，搭建孵化工程平台

为了持续扩大校企合作，老板电器积极开展合作创新，以杭州总部为起点陆续成立中国深圳创新研究院、美国加州创新研究院，在材料等基础课题上进行深化，搭建孵化平台"超级工场"。

"超级工场"依托于老板电器，是一个资源整合的孵化平台，集合工业设计、技术研究、产品开发、创业支持、商业模式、风险投资等各种资源。无论是员工还是外界人士，只要通过获取和分析市场的反馈信息，激发出有创意的想法，就都可以自发形成团队，组织开展产品孵化。"超级工场"帮助这些创客人士将创意孵化成具备商业价值且符合企业战略方向的创新项目。老板电器为孵化项目提供销售渠道、供应链、品牌推广、生产制造等平台资源以促成孵化产品快速进入市场。一系列合作搭建有利于达到高校科技成果转化的目标，拓展高校科技服务企业的深度和广度，提高企业经济效益。

设计管理＋人才管理，"双核心"共创产品效能

当今的企业竞争是全球化、多角度、全方位、系统性的竞争。面对以互联网为代表的新兴技术对传统电子信息产业带来的革命性变化，企业积极拓展引才计划，招贤纳才，搭建跨地区、跨校企的合作交流平台，满足产品创新的需求和中长期人力资源规划，切实解决国有传统企业在转型中的难题。

2021 年，一款投影仪因为强黑科技、强搭配性、强功能参数等创新点获得了德国红点产品设计奖等多个国际大奖，它就是 CHiQ Q5 智能高清投影仪。

CHiQ Q5 投影仪外观设计感极强，极简百搭又经典的纯色设计，能适应任何家装风格；功能强劲，采用数字光处理技术和专业视频解码芯片，搭载 AI 原色引擎技术，能根据播放内容自动匹配色彩模式，如电影模式、卡通模式等，营造不同氛围；同时运用技术参数配置将用户体验做到极致，分辨率达 1080P，支持 HDR10 解码，给用户超大尺寸又高清质感的观影享受。

该产品来自长虹电器。长虹创建于 1958 年，总部位于四川省绵阳市，是集消费电子、核心器件研发与制造为一体的综合型跨国企业集团。

长虹的设计发展史也是设计行业发展史的缩影。在中华人民共和国成立初期，大众对产品的消费需求多停留在功能上，产品的款式并非消费者最关注的点，产品创新也未配备专业设计师，设计行业暂未起步。20 世纪 90 年代初期，康佳、海尔、TCL 等品牌开始发力抢占市场，长虹敏锐地嗅到产品转型的关键节点和历史时机。

产品需要设计，行业需要变革。2003 年，长虹成立工业设计中心，这是中国最早成立的企业设计中心之一，标志着长虹产品正式迈进设计创新时代。2003 年底，长虹研发出一款名为

"天翼"的电视，得到市场的热烈反响，工业设计此后在长虹产品开发环节奠定了地位。

2006 年，工业设计中心更名为长虹创新设计中心。而后，设计中心奉行"走出去"战略，长期与国内外重点高校专家、行业资深设计顾问建立战略合作关系。设计中心持续以产品设计创新为动力，不断取得骄人成绩：获得红点奖，2013 年被评定为首批国家级工业设计中心，研发出 CHiQ 系列，每年创造市场价值约千亿元。截至目前，长虹拥有全国首个专注家电行业国际色彩材料研究的长虹色彩材料实验室、中国首个由企业和高校合建的交互设计实验室以及四川省工业设计重点实验室——长虹用户体验实验室，持续以用户为主导，运用设计开展产品、体验创新与服务创新，为引领行业赋能。

长虹深谙"人是企业创新最核心的资产"这一硬道理，在长期发展中，长虹建立了以人力管理驱动转型的战略路线——建立中高管末位淘汰的内部竞争机制，积极实施内部管理、经营和资源分配改革。长虹充分利用国家和省市人才政策平台，引进高端领军人才，启动"123"人才工程，着力为电视智能终端、云计算、大数据、创新设计、工业工程等领域策划新一轮引才计划；借助国企改革、转型升级的契机积极优化人才管理体系，推动法人治理结构的完善和后备人才梯队的建设，培养核心人才队伍，建立"后备 A 库""后备 A+ 库""海外高阶学习人才库""英才计划库""核心技能人才库"等人才梯队，为长虹长足发展奠定后备人才基础。如今的长虹依靠清晰的人才和设计管理创新，已经实现了转型。2021 年，第十八届世界品牌大会发布《中国 500 最具价值品牌》分析报告，长虹品牌价值达 1736.29 亿元。

设计管理 ✕
以产品设计创新为动能
成立工业设计中心
聘请行业、高校专家作为设计战略顾问

人才管理 👥
以人才管理为核心
为高管、未来英才建立长期发展管理计划

长虹产品创新策略

"六轮驱动"设计赋能，"东风速度"赛道抢跑

随着数字化时代到来，一场深远且广泛的汽车产业变革正在逼近。汽车行业由原本以硬件、技术为主的竞争全面进入"硬件+软件"抢占市场先机时期，软件和服务体验融合正成为汽车信息化、智能化发展的基础与核心。

东风汽车集团是中央直管的特大型汽车企业，涵盖全系列商用车、乘用车、新能源汽车和零部件相关业务。已连续 12 年入选《财富》世界 500 强的东风，2021 年位于世界 500 强第 85 位，较 2020 年再提 15 位，增长态势喜人。

东风集聚产业优势、创新优势、生态优势，从产品的自主研发、科技创新到生态布局，开启了波澜壮阔的转型。东风在产品的研发体系中主张以人为本，坚持回归自然、服务体验驱动、跨界赋能、情感化建设和科技促发展的模式。

主张人本设计

尊重生命是车企应具备的基础责任，重视安全是应有的基本态度。在产品研发和迭代的过程中，东风始终坚持"以人为本"，将消费者的安全放在首位，不仅考虑汽车驾乘者的安全，还关注到其他车辆驾乘者、行人安全。东风开展全方位的撞击缓冲和结构分散撞击力测试，提高驾乘者在车辆安全事故中的安全防护，深入研究汽车的人机工程学，持续提升人机交互安全性、舒适度。

回归自然，注重可持续发展

在智能互联时代，新能源汽车成为行业不得不争抢的"香饽饽"。东风在转型过程中竭力主张绿色设计，回归自然。东风一方面发展新一代汽车，大力布局新能源产业园，加快电动化专用平台开发；另一方面以场景驱动为出发点，形成渐进式和跨越式相结合的发展路径，不断推进智能制造。

为响应国家政策"3060""双碳"目标，东风积极布局新能源战略，深耕小型纯电动车市场，推出东风EX1。凭借耗能低、车内空间大、配备高、性价比高等优势，EX1从品牌形象到产品性能各方面都得到市场高度认可；还因为高安全度和经济的出行成本，被政府单位认可，成为湖北省十堰市郧西县公安局警务用车，对新能源汽车的普及推广具有积极的示范性作用，也对推进节约型政府建设具有重要意义。

服务体验驱动发展

东风在品牌战略中非常注重产品的服务体验，成立客户服务中心，鼓励服务人员走出去，强调"主动走出去做服务"，让客户满意，改进服务态度，保障服务效率。主张"客户体验领先"，在存量竞争时代抓住存量市场，通过服务让客户满意，设计服务增强客户黏性，才能实现"存量中的增量"，这对东风新事业计划有重要支撑意义。

注重情感化建设

实施情感化的品牌战略。经过长期文化传承和发展，东风形成了以"三和九观"为主要内容的"和"文化。东风寻找客户痛点，结合品牌创新特色，将品牌价值和品牌文化与用户的审美情趣、情感需求、生活习惯等转化为精准的设计技术语言，形成情感化的产品创新策略特色。

科技促进发展，研发实力底子打牢

为构筑扎实稳健的科技研发能力，东风搭建以本公司技术中心为主体、各子公司研发机构协同运作的复合开发体系，设

东风汽车创新模式

立设计中心和技术中心。

2018 年至 2020 年，东风创新设计中心在上海、南京揭牌投用。创新设计中心主要研究产品的创意设计、造型数字化设计、造型模型设计、功能需求等，部署未来渐进发展为集合新能源和智能网联汽车、新材料新工艺以及前瞻技术研究业务的综合型设计中心。东风创新设计中心承载着东风从传统汽车制造向汽车信息智能化转型的重任，将为东风的智能化发展带来核心驱动力。

在新一代汽车的开发中，车联网技术已成为提升用户体验的核心途径。依靠科技基地研发，东风获多项中国汽车工业科学技术奖，"东风猛士"军用越野车获国家科学技术进步奖一等奖，混合动力城市客车节能减排关键技术获国家科学技术进步奖二等奖。2019年11月，东风汽车技术中心被工信部认定为国家级工业设计中心。

"两个中心"为东风的研发能力和设计水平提供了强力支撑，为未来创新资源提供了核心保障。

"1+1+1+1=n"：携手跨界，开启智慧厨房新时代

2018年，金牌厨柜工业设计中心以都市青年为对象进行了一场用户调研。被试者共250位，为20—29岁的青年，通过问卷及访谈、统计得出以下数据：

（1）82%的人仅周末在家做饭；

（2）75%的人首次置业会选择单身公寓或小两房；

（3）68%的人有在家移动办公需求。

基于调研结果，金牌厨柜的设计团队根据都市青年群体的工作、烹饪、小空间等需求，进行用户画像分析，开发了一款集烹饪、就餐、工作及休闲功能于一体的小型整体厨房"阿玛尼3S"。该作品凭借其"量体裁柜"的"以人为本"设计理念、现代工业风的设计风格和高度契合年轻人生活需求的复合功能创新获得中国红星设计奖。

金牌厨柜家居科技股份有限公司（简称"金牌厨柜"）于1999年创立，位于福建厦门，是中国高端厨柜的专业服务商，

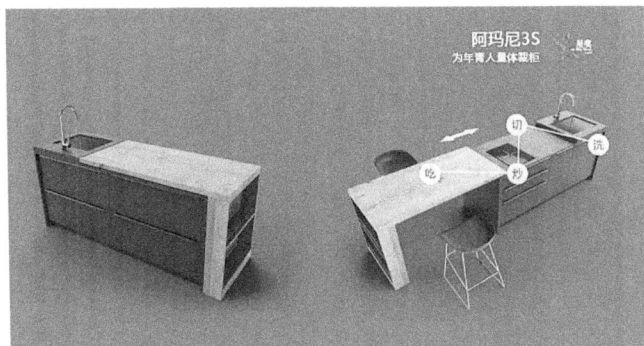

金牌厨柜获奖产品"阿玛尼 3S"

主营厨柜及定制家居的研发、设计、生产、销售、安装及售后整体服务，是国家级"智能制造示范企业"、全国"两化融合"管理体系贯标企业。

金牌厨柜以"1 用户研究 +1 工业设计 +1 服务体验 +1 跨界合 =n"的合作模式，运用广泛的用户调研、极致的工业设计和服务体验以及持续跨界合作的战略模式，碰撞出无数市场火花，积累了大量用户口碑。

金牌厨柜为创新设计接力，获得红星奖、金勾奖、中国优秀工业设计奖以及工艺技术特别奖等行业认可；重视消费者的交流反馈，形成了完整的产品服务链，涵盖产品售前和售后的五星服务、接单标准、设计师标准、上门量尺标准、回访标准等，服务体验系统设计十分完善。

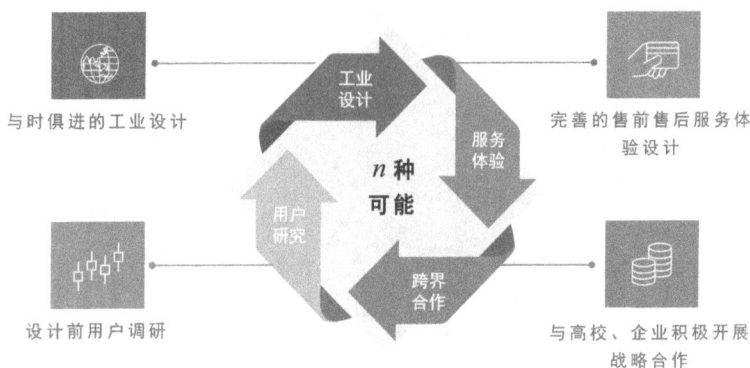

金牌厨柜创新模式

　　为持续赋能产品研发创新，发挥强强联合的跨界效应，金牌厨柜先后与电子科技大学、中国农业银行、有家装饰公司、万科中西部区域、铂爵旅拍等多家企事业单位签订战略合作协议。通过多方搭建合作关系，金牌厨柜获得更强大的研发团队、人才资源及资金支持。通过发挥战略协同效应实现业务优势互补，碰撞出跨界火花，达成合作共赢，金牌厨柜成为"中国房地产500强首选厨柜品牌"、百亿产业集群的龙头企业。

　　在转型过程中，企业以设计为牵引，带动人力管理、产品技术研发开展跨界合作，依托合作方在产业中的发展优势，相互依靠IP赋能、产品孵化与市场培育能力，多方建立联合机构中心合作关系，汇聚专业研发团队和人才资源、相关领域核心技术，增加合作层次，拓宽业务领域，共建全面、创新、稳定的发展关系，共拓传统制造业的"新纪元"，共促产业化升级。

第 6 章 | 创新为民：设计，创造美好生活

　　中华人民共和国成立初期，经济基础薄弱；改革开放后，经济快速发展。1986 年，GDP 总量突破万亿元大关。党的十八届三中全会以来，GDP 总量 5 年之内连续突破 70 万亿元、80 万亿元、90 万亿元大关。2019 年，国家统计局数据显示，国内生产总值为 990865 亿元，按不变价格计算，比前一年增长6.1%，高于中等偏上收入国家平均水平。中国经济规模不断扩大，经济持续健康发展，结构调整稳步推进，转型升级成效明显。

　　2021 年 5 月 11 日第七次全国人口普查结果显示，全国人口共 141178 万人。2019 年，消费对经济增长的贡献率为57.8%，拉动经济增长 3.5 个百分点，连续 6 年成为经济增长的主要动力。中国拥有全球最具潜力的消费市场，消费对国内经济持续平稳增长形成了强有力支撑。

以设计助民生，以农业促经济，设计助力区域农业走向世界

2013 年，四川省雅安市发生地震，一位名为袁龙军的设计师深入灾区，目睹当地农户生活的重重困难后，他思考自己作为设计师，能为农户做点什么。

汉源县位于四川省雅安市南部，地处攀西阳光之旅的门户地带，是享受少数民族地区待遇县、革命老区县，居住着汉、彝、藏、回等 26 个民族。花椒是汉源县的特色作物，汉源的花椒鲜香麻爽、滋味甚好，但苦于没有销路，再好的产品也无法变现。每逢丰收后，农民们滞销的花椒只待腐烂，生活的困苦让当地农户对花椒寄予的经济厚望逐渐丧失，他们甚至砍掉花椒树换种其他经济作物。

袁龙军认为，产品需要设计，产业需要品牌。说干就干，袁龙军立即注册成都宽窄美食投资有限公司，将花椒与四川特色美食结合进行产品创新设计和商业模式创新，开发多种特色产品系列，发展了一条以花椒为主的特色食品产业链，如特色花椒、花椒油、速食川菜等。

2018 年，袁龙军以一己之力将 2015 年时 68 元一斤的花椒提到 120 元一斤！当地花椒农户增产增收，袁龙军得到了当地村民的认可和信赖，为当地农业经济开发出一条可持续的良性发展路线。以设计助民生，以农业促经济，袁龙军凭设计在中国农业和世界经济之间搭起了一座桥，使中国的农业走向世界。

袁龙军设计的花椒油包装

情感化设计：让产品有幸福感，让生活慢下来

产品的最终价值一定是建立在为客户带来价值和被认可的基础上的。马斯洛需求层次理论是心理学中的激励理论。该理论包括人类的5种需求，从最根本的需求依次往上分别为生理需求、安全需求、社交需求、尊重需求和自我实现需求。

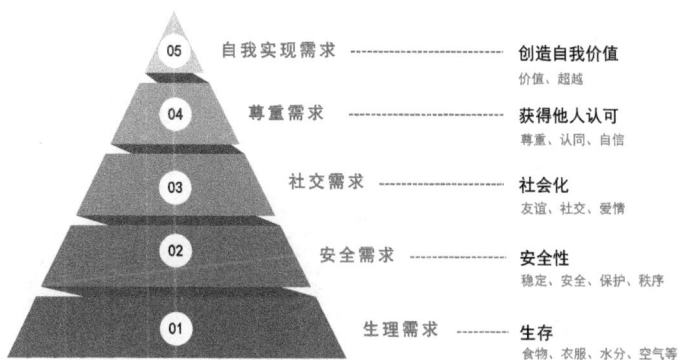

05	自我实现需求	创造自我价值 价值、超越
04	尊重需求	获得他人认可 尊重、认同、自信
03	社交需求	社会化 友谊、社交、爱情
02	安全需求	安全性 稳定、安全、保护、秩序
01	生理需求	生存 食物、衣服、水分、空气等

马斯洛需求层次理论

企业可以通过提供先进的技术、新颖的功能或全新的客户体验创造利润，也可以通过产品的附加值增值。产品的附加值除商业模式、营销手段带来的价值外，还包括产品带给用户良好的体验，包含满足用户的生理、安全、社交、尊重、自我实现等各方面需求，如提供"安全感""愉悦感""幸福感"。

幸福设计为生活加分

用户的幸福感需求是产品设计价值的方向之一。幸福感设计能为用户创造良好的使用体验。幸福感设计可以是营造社会关系和归属感的设计，或是提供生活意义的设计，也可以是使消费者成为积极参与者而不是被动观察者的设计。幸福感设计既可以为消费者创造长期的幸福感、愉悦感等体验，也兼顾商业价值目标。产品创新策略从幸福感设计角度进行，运用个性

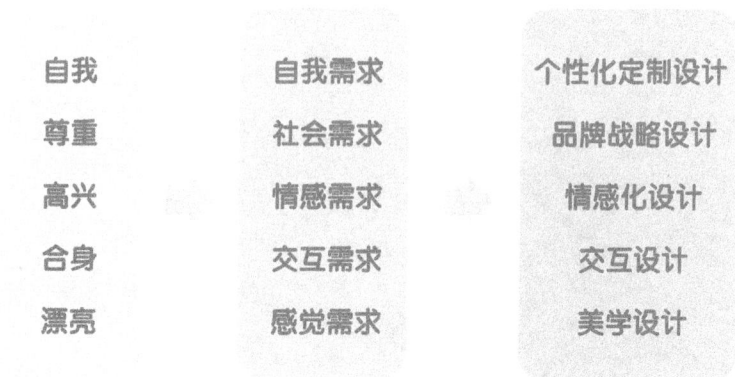

自我	自我需求	个性化定制设计
尊重	社会需求	品牌战略设计
高兴	情感需求	情感化设计
合身	交互需求	交互设计
漂亮	感觉需求	美学设计

用户体验需求五层次对应的相关设计方法

化定制、品牌战略、情感化、交互、美学等设计策略提升用户体验，增加用户黏性，为企业的销售业绩和长期利润增长服务，促使产业发展升级、人民物质水平和社会经济水平提升。

吻吻鱼是一家被称为"创造幸福的产品"的初创型企业，设计初衷是使产品拥有"KISS"（kind, impressive, simple, stunning），即使产品具有温暖善良、印象深刻、简约、亮眼的魅力，让用户在简单使用过程中感受产品带来的快乐，给平凡的日常生活带来出乎意料的惊喜感，以"幸福感人"为理念满足当代快节奏都市人对美好生活的向往，成为有幸福感染力的设计品牌。

来自吻吻鱼的一款悬浮茶壶茶杯，茶杯悬浮在茶壶顶的设计使用户夜晚起床喝水时不用四处寻找水杯。吻吻鱼通过生

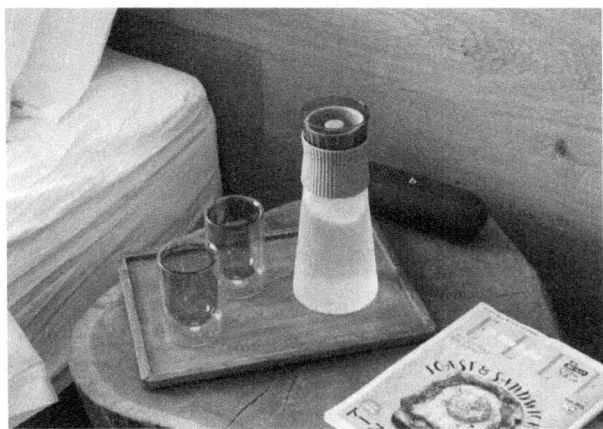

吻吻鱼的悬浮茶壶茶杯

活细节的功能创新和极具艺术感的高颜值外观造型设计，为用户增加了浪漫氛围感和"小确幸"，为生活加了点腔调，一举三得。

设计创新助现代办公体验升级

伴随我国国民经济水平整体提升和消费结构的升级，现代企业的办公环境也在不断更新。多元化的消费需求对办公产品的迭代提出更高要求，传统办公室家具已由基本功能性的需求满足逐步转化为服务设计的体验提升，办公家具不但需要美观，还得兼顾提升办公效率和彰显办公品位等需求。

杭州明锐工业产品设计有限公司深耕家具行业，致力于改善当代白领的职场环境，提升他们的幸福感，以现代企业的青年管理用户为目标群体，构建用户角色模型以进行办公场景和

极客家具系列

人机工程学分析，设计出极客家具系列。该系列主打"时尚极客、轻奢利落"的产品定位理念，进行差异化的产品外观设计，高挑的脚型贯穿整个产品风格，为办公环境营造出简约、利落、高效的空间氛围，辅以高性价比的产品定位，获得青年管理客户群尤其是女性管理者的高度认可，已成为该品类家具的标杆产品。

爆品的秘诀：高颜值的工业设计＋高性价比的体验

2017年，戴森推出无绳吸尘器和无叶电吹风，使消费者眼前一亮。戴森电吹风功能性强，简约、时尚又精致的造型和开创性的无叶设计，既富有科技感又兼具美学外观，是工业设计的经典。然而，戴森在面向市场时有一个致命缺点——高昂的售价，这让普通消费者望而却步，注定难以走进千家万户。戴森吹风机更多投向专业理发店等商用场所。彼时，浙江凸凹文化发展有限公司（以下简称"凸凹"）精准嗅到了商业需求，抓紧机遇推出爆品——小适吹风机。

小适吹风机造型设计考究，外观时尚又雅致小巧，兼具大功率出风与均衡柔和、低温低噪的特点，同时凸凹在小适的销售策略上另辟蹊径，寻找突破，主打高性价比市场。推出小适后，凸凹对产品不断打磨迭代，2021年紧跟潮流推出当时流行的"克莱因蓝"小适，开创精华护理使用新模式。小适的高颜值满足了消费者的功能性和安全性需求，一度成为小米生态链

小适吹风机

下的爆品。

在产品的设计上，凸凹有一套自己的产品创新体系。凸凹从产品的工业设计、交互设计、人机交互、用户体验设计、视觉设计到人因工程学、声音设计、内容设计以及建筑学、信息架构等方面进行了综合考量。对大众消费者来讲，性价比也是对一款产品是否产生购买意图的重要原因，所以要找准产品的用户，寻找合适的创新设计和销售策略，为消费者带来切实的幸福感，创造美好生活。

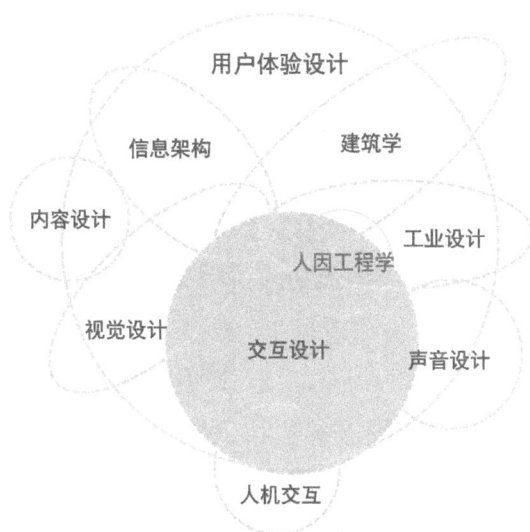

凸凹的用户设计创新维度

C2D2M：推动用户服务创新，助力制造业升级

随着科技发展和行业竞争加速，以用户需求为中心的体验和差异化服务的产品策略正在成为企业破局市场的关键。为满足消费者更多元的需求，很多企业对精致生活进行深入探索。个性化定制为产品和企业提供了新的市场机遇。定制产品有利于简化消费者和企业的中间环节，缩短供需双方的时间、空间距离，也能使企业及时了解市场需求动向，降低产品积压的损失风险，促进利润增长。

手表不仅是记录时间的机械产品，还蕴含了身份、财富、品位和地位等社会属性。从马斯洛需求层次理论角度来讲，高档手表不仅为满足基本的生活需要，而且代表着获得他人认可的一种尊严需求。当前，大量的国外品牌钟表和国内品牌的竞争日趋激烈，中国品牌如何在市场上占据有利地位，如何在市场上谋求长久发展，是每个商家必须思考的问题。

罗西尼是一家以钟表制造为主业的企业。近年，罗西尼手表为用户推出一项"个性化定制"服务，根据企业或个人需求定制手表，如企业团队纪念定制、情侣定制等场景。工作人员在确定客户定制需求后，通过线上邮件或线下上门方式为用户提供现有手表选款服务。顾客选定产品对象后，厂家遵循顾客的要求在手表相应位置定制标志或文字，最后品牌商通过线下

罗西尼手表个性化定制服务流程

物流将产品配送入户。

个性化定制服务是产品商业模式和策略创新的热门趋势之一。罗西尼推出的个性化定制设计是对手表进行服务设计创新，通过产品的服务体验设计为用户带来焕然一新的体验，为产品和企业带来利润增值。随着社会发展和物质生活水平提高，消费者的观念发生较大变化，尤其是年轻一代消费者喜好讲时尚、品位和自我个性，喜好根据场合、时间、身份、气质和爱好等变换消费需求。个性化定制服务为用户带来差异化消费体验，满足生活的实际需求，是一种自我需求的服务体验创新。

这是近年奢侈品和互联网行业常谈的C2D2M模式之一。传统的B2C制造将转向智能化、个性化和定制化的C2D2M新智造，以消费者需求为中心进行反向设计，以提供线上销售渠道、营销支持、新品研发建议、数字化改造赋能工厂为主要方向，促进供需匹配，从而使产品实现增值。

互联网的普及提升了沟通的便利度，电商平台的发展和发达的物流网络使用户需求可直接与工厂"无缝对接"。国内一家以西装定制为主要业务的企业，名为"衣邦人"，也熟练采用C2D2M模式，创新了以线上预约、线下上门量体、向工厂直接下单、成衣全国配送、365天售后服务为亮点的服务体验设计。这种模式有利于快速、有效地反馈市场需求，实现企业与厂商的高效双赢，助推传统产业数字化改造和国内制造产业升级。

交互需求：服务设计驱动体验创新

交互需求是人与产品或系统交流互动过程的创新方式，维度包括任务完成时间、效率和是否具有愉悦感等。品牌价值可通过交互需求创新为客户和企业树立观念，提升品牌印象。而品牌印象的细化可理解为用户和产品在互动过程中建立的触点，如产品、服务、场景及氛围。

不同于传统广告植入等宣传方式，星巴克以"体验式营销+口碑营销"取胜。星巴克的品牌竞争力包括其产品创新的核心竞争力，全方位的交互服务体验，典雅统一、极具设计感的消费环境，以及独特的企业文化和视觉识别系统形成的品牌氛围。

产品创新

除主打咖啡的不同口味外，星巴克给人惊喜的还有"隐藏菜单"，支持定制产品和服务，如将咖啡豆按风味分类，顾客可按照自己的口味挑选喜爱的咖啡。

服务体验

不同于简单的微笑服务，星巴克将服务体验贯彻到底，在杯子上标记姓氏，从而为消费者带来专属定制感，工作人员向顾客介绍咖啡的知识及制作咖啡饮料的方法以强化产品体验感。2019 年，为补足自身在中国数字化运营链的短板，星巴克进驻饿了么平台，开放外卖服务，推出到店预点餐服务平台"啡快"，结合本土技术和背景优势为企业增值提效。

消费场景

门店美式的装修风格、深色木质的桌椅、清雅的音乐和各色咖啡制作器具为消费者烘托出一种典雅、悠闲、小资的氛围。星巴克因地制宜地对门店进行不同体验、不同主题的设计。星巴克在部分城市推出宠物友好门店，在门店外设立专门的宠物休息区，为宠物设置特有菜单，提供专供宠物饮用的鲜奶油，既保证消费者安全问题，又笼络了宠物携带者。2018 年，星巴克在美国开设专为听障人士服务的"手语门店"，所有店员使用手语服务，为听障人士提供无障碍体验。2021 年 3 月，首家中国星巴克"手语门店"在山东省开张。星巴克通过消费场景设计创新延伸一些社交场景，把消费体验、人文关怀和商业考量均衡到极致。

品牌氛围

品牌氛围包括线上的视觉系统设计、线下的装修体验，还有用户在整个消费过程中产生的体验。星巴克从品牌标志设计、主题色、店员着装、门店装修风格、无人打扰式消费，以及周边产品开发和节日产品的推陈出新，为消费者营造出"星巴克式氛围"。咖啡本质上是一种消费者和企业的载体，通过咖啡，星巴克把一种独特的浪漫格调传递给消费者。这种方式将体验浪漫化，降低商业感，提升了品牌带给人的好感度。

星巴克的品牌策略布局

　　为在中国本土市场扎根，星巴克将中国特色文化与产品创新设计巧妙结合，开展本土化市场拓张策略。如星巴克在中国市场上推出的各类中国风产品，囊括咖啡包装设计、会员卡、随行杯及相关衍生品等，受到当代年轻人的热烈追捧。

　　凭借对产品的不断迭代创新、愉悦的交互体验设计及因地制宜、与时俱进的顶层战略设计，星巴克的全球化扩张策略在中国市场获得了成功。自 1999 年进入中国市场以来，截至 2021 年 11 月，星巴克已在中国开设 5000 余家门店。

中国5360家
全球已覆盖74个
国家和地区3.3
万余家门店

2021年

中国1811家
2015年12月，星巴
克天猫官方旗舰店正
式开业

2018年

中国1017家

2015年

中国3124家

2013年

2014年

1999年

中国第1家

进入中国大陆，在
北京开出第1家门店

中国1367家

上海超过首尔成为星
巴克数量最多的城市，
同时全球门店已超2万家

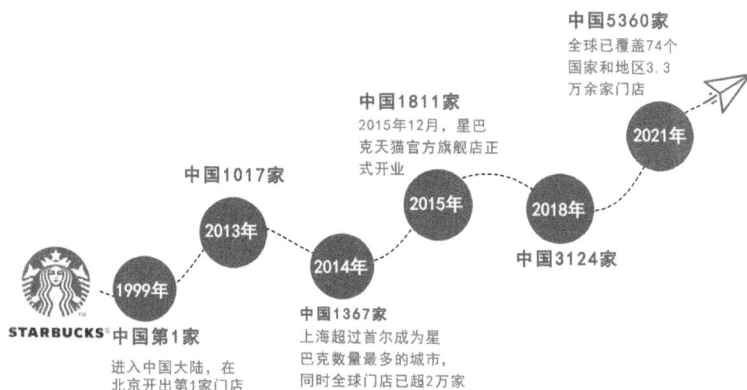

星巴克在中国的扩张（1999—2021年）

以用户为一，以设计为一，设计美学创造商业奇迹

随着新式茶饮的兴起，当代年轻人逐渐青睐茶文化。杭州瑞德设计股份有限公司（以下简称"瑞德"）设计了一款名为"ONE WEEK TEA"的扭扭罐茶包装，模块化、自由拼装堆叠的设计便携小巧、颜色亮丽，不仅满足了年轻人的商旅出行需求，还考虑了当代人的社交赠礼等使用情境。瑞德认为，"产品颜值+功能创新"可以提升生活品质，产品的价值增量始于颜值，用户更愿意为高颜值的产品买单。瑞德的设计美学创新和美好、人性化、真善美的设计理念相融，致力于提升人们的生活品质，引爆新商业。

瑞德创立于1999年，自成立以来，与方太集团、中国石化、海尔、科大讯飞、网易、阿里巴巴等上百家知名企业进行过战略合作。

瑞德以设计为核心力量，以"以用户为一，以设计为一"的理念贯彻整个产品周期，以共创、共生、共享的科技型综合业务定位，致力于"设计+服务"和"设计+出品"两大业务。"设计+服务"以产品设计、空间设计、品牌策划为核心，"设计+出品"聚焦产品和品牌孵化、商业展具制造、礼赠品定制等业务，打通"定义—设计—研发—制造—营销—品牌"的商业全链路。

产品竞争力的强大归功于瑞德的企业管理理念。瑞德在设计人力资源和设计人才培养方面投入很大成本，仅设计部就配置200余名跨领域成员，包括产品设计师、空间设计师、平面

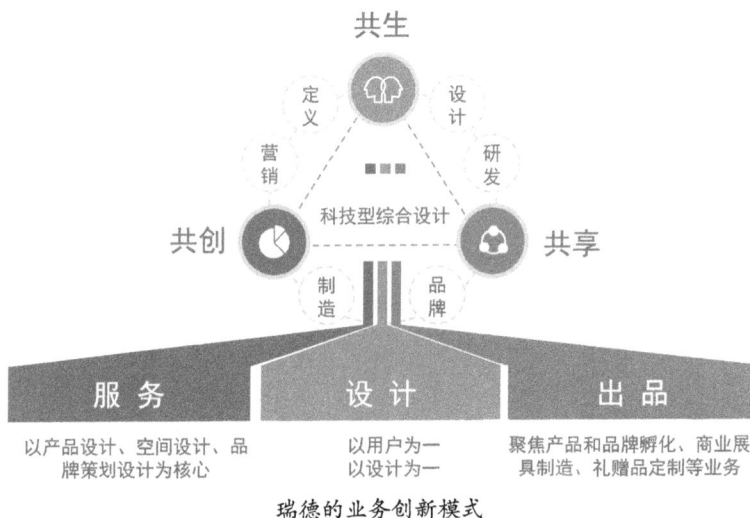

瑞德的业务创新模式

设计师、交互体验设计师、结构工程师、电器工程师、包装类工程师、模型塑造师、心理学专家、市场专家、商业策划专家等。迄今为止，团队夺得德国红点奖、iF设计奖、美国IDEA奖等百余项国际设计大奖，获国家级工业设计中心、国家高新技术企业、2020年浙江省文化产业示范基地等称号。瑞德用商业洞察力、创新设计力为企业打造更恒久的产品与品牌，帮助企业实现商业增值。

光影艺术融入产品创新，设计缔造中国"超算"之美

传统高性能计算领域的服务器、超级计算机常给人一种外形单一死板、笨重暗沉的刻板印象。中科曙光将光影艺术融入产品设计，与传统元素、材料工艺及绿色设计思维相融合，提升了中国高性能计算之美。

中科曙光，全称曙光信息产业股份有限公司，是中国信息产业领军企业，为中国及全球用户提供IT产品、解决方案及服务，在高端计算、存储、安全、数据中心等领域积淀核心技术，发挥高端计算优势，专注布局云计算、大数据、人工智能等领域的技术研发，为科研探索创新、行业信息化建设、产业转型升级、数字经济发展提供可信支撑。

"星云"系列超级计算机是中科曙光的"无冕之王"。"星云"系列首创环形超算布局和交错部署，节省25%空间。全浸没式相变液冷技术突破了密集型计算的冷却瓶颈，实现同等

计算能力的同时兼顾节能环保，系统总能耗节省 40%。节点内部的纵置布局和双节点对称排布实现最优产品架构，外形映嵌"星云"的视觉艺术设计打破传统超级计算机的刻板印象，实现高性能计算领域的美学体验升级。

中科曙光"星云"系列超级计算机

第 7 章 | 文化为魂：设计，增强文化自信

文化是人类长期生活中创造的产物，是人类社会的重要内容和精神，是社会历史的沉淀物。2020 年 11 月，工信部工业文化发展中心发布的《2020 中国设计产业发展报告》指出，要坚持推进"设计与文化"的融合，不断提升产品设计的文化内涵和文化价值，承载并弘扬精神文化，进一步形成设计文化内核。

文化既包含世界观、人生观、价值观等具有意识形态性质的部分，也包括自然科学和技术、语言和文字等非意识形态的部分。具体地说，文化由民族、历史、地理、社会道德、思维方式、信仰、风土人情、传统习俗、生活方式、文学艺术、行为指导等方面组成。文化是人类生活在精神领域的一个重要标志。文化创新的根本目的是助推社会实践发展和保留、发扬各

种民族文化，促进人类全面发展。

文化是推动国家和企业经济增长的重要因素之一。2021 年，"十四五"规划明确提出实施文化产业数字化战略，加快发展新型文化企业、文化业态、文化消费模式，壮大数字创意、网络视听、数字出版、数字娱乐、线上演播等产业。在企业竞争中，文化创新具有重要的核心凝聚作用。企业文化对企业绩效、财务绩效和非财务绩效均有显著的正向影响，企业文化和企业管理制度的交互作用对企业的影响则更深。现阶段，中国传统文化还可通过影响物质资本积累带动市场经济增长，市场文化资本可通过影响技术进步与创新推动经济增长，可通过制度约束市场主体行为，提升市场经济效率，以文化提升国家软实力，从而实现文化自信，实现中国经济长期持续增长！

"文化自信"创造新体验，"文化发酵"传承新未来

2016 年，暴雪旗下一款很火的游戏《部落冲突：皇室战争》风靡一时。这款游戏获得了很多奖项，包括苹果商店和谷歌商店的"年度最佳游戏"、脸书的"年度最佳手游"等，很长一段时间占据苹果商店下载榜单第一。除游戏本身的策略性和角色设定机制吸引玩家外，界面的视觉设计也值得探讨，页面精致、颜色饱满、配色丰富，以故宫为灵感的设计更是运用得非常巧妙。

故宫是中华优秀传统文化走向世界的一张金名片，蕴含着

中国优秀的文化精髓，是中华民族文化、艺术和历史的里程碑。团队将故宫进行设计再造，将故宫的红砖绿瓦、城垣飞檐符号提取后重构，将中国传统文化符号植入现代游戏，使原本静态的宫墙、殿顶、飞檐、拱桥、琉璃瓦等元素不再局限于纸上，而是出现在游戏场景中，借助设计手段将优秀的文化传承给世界各地不同年龄段、不同职业的玩家。

塑造：文化铸就企业"团魂"创新

文化在企业变革发展中具有非常重要的意义，优秀的企业文化可以充当企业变革不同阶段的"润滑剂"，能从企业内部调和企业管理机制。从外部看，制定企业文化策略有利于企业在行业中形成企业印象、品牌特色和产品特色，提升企业的竞争力。现今，越来越多的企业意识到文化建设对企业可持续发展具有重要意义，在经营的过程中根据企业特色和目标逐渐探索出自身文化策略模式。

文化是一个成功的企业不可缺少的"团魂"。企业可通过文化创新塑造企业形象、进行产品定位、提升使用体验、建设企业文化、挖掘产品文化等，探索未来新发展。企业文化包含行为文化、制度文化、观念文化和物态文化。计算机编程人员被广大网民调侃为"程序猿"，以及具有代表性的三件套装束——格子衬衫、牛仔裤、双肩包，都属于一种行业行为文化。企业的"狼性文化"是企业精神的体现，是一种企业观念文化。苹果公司联合创始人史蒂夫·乔布斯生前设计的公司新大楼"Apple Park"位于美国加利福尼亚州，是一座环状建筑，中间是大型庭院，这是企业物态文化的一种体现。

增值：文化为产品创新注入"灵魂"

缺少文化底蕴的企业和产品在市场竞争中稍显单薄，缺少品牌记忆点和竞争力。为扭转局面，须进行文化塑造创新，树立企业文化和挖掘产品文化。

文化创新需要基于一定的社会认知形态，地区传统文化创新来自"源"和"本"，是经济发展的助推器，也是综合实力的重要组成部分，更是地区的标志和民族生命力之本。中国作为传统文化大国，多年来蕴含着巨量的文化与深厚的价值内涵，比如敦煌文化、故宫文化、良渚文化遗址、河姆渡遗址、西湖文化遗产、三星堆遗址等，还有现代人文文化。北京奥运会的祥云火炬、奖牌和服饰，花木兰，功夫熊猫等，都在国际上享有盛誉。

设计师将传统文化融入产品再造，传统文化对消费者的潜移默化促使消费者对传统文化普遍认同，进一步促进消费者对产品的认可和购买行为。企业研发产品的需求将促使企业不断创新，最终促使发展以文化为灵魂，以创意为核心，以科技为支撑的知识密集型、智慧主导型战略产业。

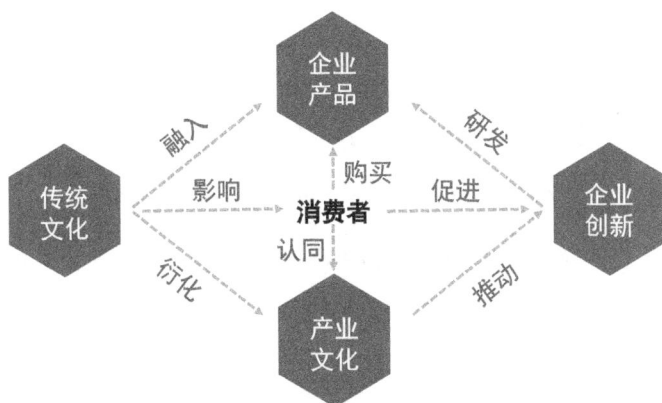

传统文化如何影响企业创新

文化创意产品成近年"网红"

敦煌博物馆的滑板、国家博物馆的书签、苏州博物馆的茶……近年，越来越多的年轻人成为传统文化的认同者和传承者。品牌与文化跨界融合让文物火了起来，也带动了文化创新产业发展。

作为丝绸之路上的一颗璀璨明珠，敦煌文化历史源远流长，代表着世界级的人类艺术，蕴含巨大的精神价值。《登场了！敦煌》的热播再次掀起了"敦煌热"，浦发信用卡聚焦敦煌文化，推出了敦煌文化主题信用卡。卡面设计选择了敦煌莫高窟的经典壁画《鹿王本生》《狩猎图》，画面生动、色彩饱满、动静相宜，使古老悠久的敦煌文化跃然卡面，独特魅力让人似乎穿越了文化历史的长河走进千年敦煌。设计助力金融行业与传统文化融合碰撞，让中国文化更广为流传，为用户带来了更多惊喜和期待。

文创元素如何融入产品设计再造

文化元素有了，如何将文化融入产品转化为设计？设计师在设计文化创意类产品时，可以萃取文化元素的表征、意象等，将其转化为文化符号，呈现于产品的外观。在设计文化产品前，对文化特色的表征与意义加以研究和调查，了解色彩、造型、质感、表面纹饰、线条、细节处理等产品属性，针对不同的目标消费族群所对应的需求，在设计过程中进行取舍和创新，将文化特色结合设计者的经验情感，最终应用于产品设计。

良渚文化是一支分布在长江下游的古文化，距今约5300—4300年，被称为"中华文明的曙光"。良渚古城遗址是世界文化遗产之一。基于良渚文化的设计符号学创意再造，可以实现对创意产业的拉动作用，推动文化遗产创造性弘扬，为"中国制造"走向"中国创造"提供创意源泉。

基于良渚文化的酒器设计不仅是简单运用良渚文化中的纹饰作为产品设计灵感，而且是根据其人文风情、历史文物、传统服饰、生活器物等内容，探索酒器的形态、材质和色彩中所包含的文化内涵与文化特征，创造出简洁、柔和而富有张力的意象。器皿设计造型简洁、外柔内刚，又具有良渚文化底蕴，起到了传播良渚文化的目的。

基于良渚文化设计的酒器

爆发：挖掘国之文化精髓，设计让产品"鲜活"

2019 年是中华人民共和国 70 华诞。10 月 1 日，北京天安门广场上举行了盛大的国庆阅兵典礼，一辆 70 周年"创新驱动"系列彩车亮相其中。这辆设计理念超前、展现形式新颖独特的三合一创新彩车由上品创新设计集团（以下简称"上品"）耗时 10 个月主创设计，以大胆创新的设计思路呈现中国领先于世界的科技水平，为中华人民共和国 70 华诞倾情献礼。

"创新驱动"系列彩车的设计善于挖掘我国"科技文化"精髓，融入中国长征系列火箭、北斗卫星、C919 大型客机、玉兔二号登月车、蛟龙号载人潜水器、海马号深海无人遥控潜水器等元素，集中呈现了中国近年高端科技发展的硕果。

团队以"大国重器"为主题，从"陆、空、海"三个领域

由上品设计的70周年"创新驱动"系列彩车

进行设计。1号车"陆"，以复兴号为主要形态，突出"中国高铁"新名片，在行驶过程中具备叙事感和情感爆发点，车上搭载神威超级计算机。复兴号是彩车方阵中最亮眼突出的一辆，也是设计中最难攻克的一辆。2号车"空"，以天宫二号为主体，搭载了长征系列火箭、北斗卫星、C919大型客机以及玉兔二号登月车。3号车"海"，以蛟龙号为主体，搭载着"天眼"和海马号。三辆车还设计了以铁轨、星云和海浪为元素的灯光基座。当三车连接时，车上太阳能电池板等部分元素会随着机械臂工作而收拢，使观者在视觉上有聚合效果，似乎是一辆完整的复兴号。

三辆车分别展示出祖国陆、空、海各领域，以耳熟能详的科技成就将每一个领域的经典故事分享给世界，让国内外观者充分感受到近年中国在科技方面取得的成就，文化结合设计走出国门，走向世界。

上品是中国一家工业设计咨询与创新设计整合服务公司，以"用设计为企业创造影响力"为核心价值观，主要服务于智能硬件、军工科技、医疗健康、工业制造、大众创新等产业领域。经过十多年的努力，上品通过设计创新实现了从设计服务到品牌创造，从虚拟服务到实体品牌合作的嬗变。上品也思考着未来发展方向，通过设计创新为客户提供更全面的长远服务。

竹文化设计助力企业"产业化、商业化、生态化"

设计驱动生活创新

竹子是东方美学的代表植物之一，具有材质硬、可再生性强、生长周期短等属性，代表着东方文化的坚韧等品质。在我国，竹林面积达 520 万公顷，约占世界的 30%。杭州博乐工业设计股份有限公司（以下简称"博乐"）旗下品牌"橙舍"利用以上优势，通过用户行为习惯、系列化场景研究，将北欧简约风和东方禅意进行美学碰撞，设计出一系列竹制产品。在第四消费社会，大众逐渐崇尚自然的生活方式。开创竹生活方式是博乐一次顺应时代消费需求发展的成功尝试。

博乐是一家以工业设计为核心的设计驱动型品牌生态企业，

现已发展为拥有"设计服务、设计品牌、设计生态"三大板块协同发展的集团化、创新型设计公司。

博乐是典型的设计驱动型企业，以设计为渠道，以环保生态为目标，以竹子文化为设计源泉，开创了"橙舍"品牌，以商业转化+线上线下体验、零售终端的方式开创以竹文化为设计亮点的环保生活，引领健康的生活方式，促进博乐品牌的商业化、生态化发展。

多方拓展，精准背书

除了在设计方面下功夫，在营销推广方面，博乐也打破传统。博乐开创线下体验店，使用户体验沉浸式竹生活方式，同时注重打通线上渠道。2015年，该品牌入驻电商平台，开设天猫、京东多个店铺；2018年，通过亚马逊将业务拓展至全球，实现产品的商业价值。同时，与小米有品、网易严选等用户熟知的平台形成战略合作关系，注重产品的设计创新性、故事创新性、场景创新性、文化创新性等，多方拓展，营造产品的场景化，形成完整的竹产业生态链。

跨界合作，持续影响

为加强全球跨界交流，博乐连续参与2018年第二届世界工业设计大会、"张三丰杯"竹产业国际工业设计大赛、安吉"两山杯"国际竹产品创意设计大奖赛等比赛，在英国、德国、希腊等超30个国家和地区进行全球巡展，在国际上和行业内与竹子资源地区合作人、设计行业龙头、设计学科带头人、艺术家等跨界交流，持续扩大品牌影响力。

博乐以竹文化为基，采用新渠道、新营销和新传播的模式，在生活日用、创意家居、文化创意等方面展开设计探索，通过设计创新驱动产业化发展，实现产业生态化的目标。

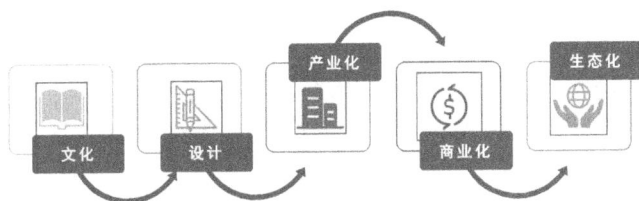

"竹文化"设计引领产业化、商业化、生态化

创意设计为径，文化创意为魂

从文化创意赋能设计创新，走文化创意衍生品路线的企业，上海天狐创意设计股份有限公司（以下简称"天狐"）是其中之一。天狐成立于2002年，是品牌文化衍生品行业的倡导者和开拓者。

以创意设计为路径，以文化创意为灵魂，以衍生产品为载体，天狐最初以汽车行业为切入点，服务了上汽大众、一汽-大众、长安福特、宝马、奔驰等整车厂商品牌。2012年，依托在汽车行业积累的经验，天狐开始涉足动漫游戏产业的衍生品业务，客户包括腾讯、网易、完美世界、龙图科技等。目前，

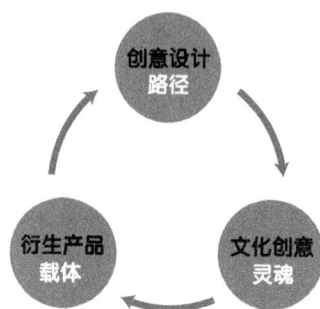

天狐的文化创意赋能设计模式

天狐已经获得迪士尼米奇米妮家族、维尼家族和漫威英雄系列十三大产品品类的授权。天狐建的"设享网"——一个品牌文化衍生品创意孵化平台，于 2014 年获得国家创新创业大赛初创企业组上海赛区前十名。

天狐模式的成功还在于其视"创意设计"为企业的核心竞争力。天狐自有设计团队 20 余人，获 50 余项设计专利，同时积极与外部设计力量合作，天狐是江南大学、南京艺术学院、美国波士顿大学的实习基地。2012 年，天狐被评为上海市高新技术企业。2015 年 10 月，天狐登陆新三板，成为品牌文化衍生品行业首家公众公司。

企业的终极竞争是品牌影响力的竞争，应当建立一个具有文化底蕴、更包容的品牌生态圈，使产品可以线上销售、线下体验，打通多个渠道以实现商业闭环，以多种形式服务于目标人群。

以道御术，国学文化融通企业文化

企业策略目标不断驱动商业创新，商业周期的持久力是市场竞争力的核心，文化策略已成为让商业变得简单的点金石。如何将中国传统文化融入企业，使企业和产品更具中国特色，是中国企业家和经济学者探索的问题。

方太集团（以下简称"方太"）是国内首家将工业设计引入产品研发的企业，是将"设计驱动制造"烙在基因上的企业。方太创建于1996年，主要业务涉及厨房电器、集成厨房以及海外事业三大领域。

方太是国内首家在产品开发过程中关注工业设计的企业。方太在发展历程中经历了从"模仿创新"到"二次创新"，再到"自主创新"这一过程。整个过程中，方太在产品创新的模式上从单一的"技术创新"过渡为"设计创新+服务创新+管理创新"三合一模式。

2008年，方太将中国传统文化概念融入其企业管理和产品设计中，逐步形成"中学明道，西学优术，中西合璧，以道御术"这一中西合璧的文化思想，从"道"到"术"构建了一套系统可行的体系。同时，历经十年的实践，方太将儒家文化融入品牌文化。以儒家文化为核心的优秀传统文化以一种润物细无声的方式逐步渗透方太企业内核，从今天的方太产品中也可窥见传统文化的影子。

方太创新模式的三次转型

为进行中华优秀文化和文化实践研究，方太成立文化研究院。研究院是方太面向外部传播中华优秀文化和中西合璧企业文化实践经验的专门机构，主要服务于企业文化交流，为产品开发提供文化参考；萃取方太十余年实践所形成的文化，形成中华文化与现代企业管理融合的中华企业文化理论和实践体系，开发具有方太特色的文化产品，形成具有中国特色的企业文化系列产品，增强产品文化底蕴支撑，重构企业发展核心驱动力！

第 8 章 | 创意为谋：设计，赋能创新创业

创新创业在促进国民经济增长、增加就业、提高人均收入水平等方面的作用日益突出。2020 年 1 月，国务院办公厅印发《关于推广第三批支持创新相关改革举措的通知》，提出在科技金融创新、科技管理体制创新、知识产权保护、人才培养和激励等方面全面推广各地创新创业的成功经验。

2019 年 10 月 29 日，工信部、国家发改委等十三部门联合印发《制造业设计能力提升专项行动计划（2019—2022 年）》，指出在系统设计、人工智能设计、生态设计等方面形成一批行业、国家标准，开发出一批好用、专业的设计工具，搭建共创共享的设计协同平台，支持各类设计机构创新组织形式以对接设计需求，开展众创、众包、众设，构建协同发展的设计生态圈。

随着上述专项行动计划的发布，创业热潮在全国范围内兴起，创业公司如雨后春笋般涌现，尤其是互联网相关行业，萌生了一批又一批活跃的创业队伍，产业生态日趋丰富，共享办公、孵化空间如百花齐放。企业紧抓创新创业高质量发展的契机，不断开拓创新创业新模式，呈现出如"设计+品牌培育""设计+电商联动""设计+创客孵化""设计+产业链协同"等多元业态。

杭州斯帕克工业设计有限公司创办了浙江省第一个以工业设计为核心的创客空间，累计孵化出企业23家，"大设计服务+项目孵化"的平台模式已见成效。博乐在天猫推出首个设计驱动卖场型集合店，成为探索"互联网+"模式的设计驱动型品牌生态的典型范例。瑞德自主孵化的品牌"缤兔"成为美妆冰箱品类领先品牌。源骏设计打造的"创新外脑"个性化创意定制服务平台，实现了设计创意与制造商的精准对接。小米生态链、特赞、站酷、太火鸟、洛客、天猫"设计猫"、京东众筹等设计创业平台，积极引入金融资本，以投资创业的形式促进设计双创发展。

创新创业协同布局，助力经济高质量发展

2020年12月，国务院办公厅印发《关于建设第三批大众创业万众创新示范基地的通知》，指出在部分地区、企业、高校和科研院所建设第三批共92个双创示范基地，其中创业就业方向25个、融通创新方向27个、精益创业方向32个、全球化

创业方向 8 个。该通知聚焦支持创新型中小微企业成长为创新重要发源地，着力打造精益创业的集聚平台，构建专业化、全链条的创新创业服务体系，增强持续创新创业能力，加快培育成长型初创企业、"隐形冠军"企业和"专精特新"中小企业，助力创新链与产业链协同布局，推动产业链上下游、大中小企业融通创新，形成体系化融通创新格局，助力中国经济高质量发展。

合创孵化＋体验设计，小米的成功绝非偶然

用户体验设计是小米改变大众生活方式的核心竞争力。小米以物联网技术为支撑开发了插座、家居套装、空气净化器、空调、摄像头、灯具等智能家居系列。小米的智能家居为消费者创造美好生活，真正颠覆了大众家居和出行等生活方式。

小米公司成立于 2010 年，仅用 10 年做到世界 500 强，成功绝非偶然。合创孵化的商业模式是小米成功的策略之一。小米采取渠道合作伙伴整合，发展小米生态链，投资了一大批生态链企业，包括华米、紫米、智米、青米、润米、田米、万魔声学等，孵化了小爱同学音响、九号平衡车、扫地机器人、空气净化器等很多优秀产品，不断为品牌和企业经济增值赋能。

销售策略创新也是其增长的重要原因。小米在很大程度上偏向大众市场，与三星和苹果公司相比，其平均售价分别低约40%和75%。同样的配置小米可以提供更低的价格，高性价比

是消费者考虑的重要因素，是小米占有市场的重要原因之一。

小米产品占领市场的主要因素还包括外观和体验设计。就算商业策略玩到头，企业的核心竞争力仍是产品。尽管市场销售价格不算高，小米产品的外观设计仍精雕细琢，形成统一的设计语言和自然、简洁的产品ID。其手机、充电宝、插线板、电视、牙刷、灯泡、烧水壶、电饭煲等产品以极低的存在感、百搭的设计风格一改以往花花绿绿的产品外观，高颜值和实惠价格俘获一大批"米粉"。

拿小米的手机来讲，小米最初几代手机产品追求硬件的高配置及极致的性价比，较少关注产品的工业设计，设计ID和产业链也无延续，彼时还是苹果一家独大的天下。随着大众审美意识的提升引领消费升级和国产手机市场的逐渐繁荣，小米取长补短，逐渐平衡好配置性价比和外观的设计。

优秀的工业设计使小米不断前进，一举收获了iF设计金奖、红点至尊奖、IDEA金奖、Good Design Best 100等，实现了世界四大设计奖的奖项大满贯。踏实稳重的企业形象和简约实用的品牌印象让小米收获了产品销量、用户口碑和行业地位。

"设计＋制造＋商业"：策略融入品牌，七步孵化打造爆品

随着传统外贸型制造企业客户单一、附加值低、汇率风险高、资产负担重、人才流失率高等问题越来越严峻，国家和各

级政府不断强调产业转型升级迫在眉睫。如何通过产业升级让
制造企业增加产业附加值、持续良性运营，成为众多实业家最
焦虑的问题。

　　基于多年设计服务经验和积累的自主品牌孵化经验，博乐
提出了"0—1品牌孵化七步法"，包含创新设计服务的流程和
提供方式，为企业孵化品牌提供从方法论培训到落地执行的一
系列支持，助力制造型企业通过制定发展策略实现产业升级。
"0—1品牌孵化七步法"包含顶层设计、BP验证、组织保障、
爆品设计、渠道建设、传播推广和用户运营。

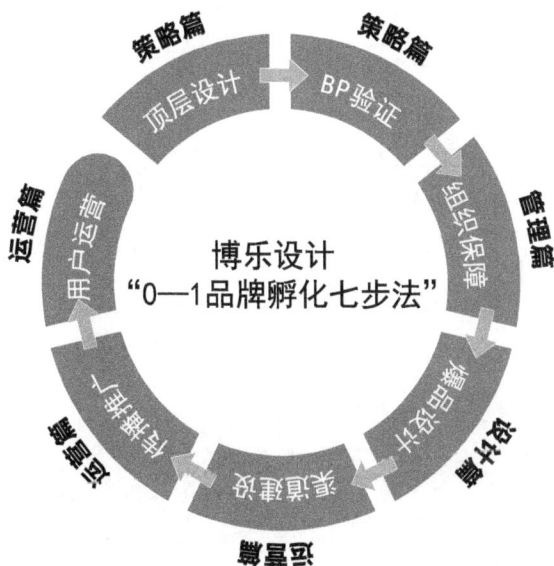

博乐的"0—1品牌孵化七步法"

第一步是顶层设计。博乐通过企业发展愿景、文化目标等顶层战略设计，帮助企业明确统一的战略目标，有利于提前找准机会市场，精准匹配资源，提炼和集中核心竞争力，使有限的资源发挥最大价值。第二步是BP验证。博乐以最小的成本向渠道方传达产品优势和描绘商业前景，力求以最小的可控成本去赢得打造市场爆款的机会。第三步是组织保障。博乐帮助传统制造企业构建品牌型组织架构，导入运营团队的管理经验和财务系统，引进高端人才，帮助企业实现从传统制造企业向品牌商成功转型，这一步是新品牌持续发展的基础。第四步是爆品设计。以渠道用户需求为中心，进行商品设计，包括品牌定位、形象传播、造型及交互体验设计等，通过单品快速打造和聚拢"种子用户"，获得销售收入的同时积累渠道资源和团队经验。第五步是渠道建设。精准定制个性化营销方案，有效提高渠道营销能力。通过代运营、营销团队代管、仓储物流基础建设等服务，共同构建爆品开发流程。第六步是传播推广。定义、覆盖关键人，博乐通过关键人向目标人群传播品牌，多阶传播，聚合用户；通过关键人突破品牌与目标人群之间的围墙，向目标人群传播品牌。第七步是用户运营。博乐通过粉丝经营、客户服务和用户关系管理实现企业客户从B端向C端的延伸，构建累积优势，建立制造业品牌化业务的管理闭环。

此外，博乐还发展业务多元化，发展合资孵化，通过构建设计战略研究、创新设计、设计品牌、设计营销和设计研究院五大创新模块，整合诸多制造企业和新零售平台，运用大数据和全渠道营销模式，与制造行业标杆企业已合资孵化 10 余个创新设计品牌。创新设计成果突出，创新模式带动了一大批传统外贸加工型企业，博乐也成功转型为以设计为驱动的内外贸共营的"创新型企业"。

设计—孵化—合创：二次创业为未来发展路线奠基

2020 年，一款名为"探迹者"的盾甲单肩背包在电商平台上热卖，"实用性+安全感+设计感"三者兼具的设计是一次打破传统包材质和形式的成功实践。

底侧设计反光条能保护骑行用户在黑暗环境下安全出行；包身外壳采用 3 种材料打造，外层 PU、中层 SBS 和里层的特殊织物，硬朗的外材质给包里的电子产品、易碎品以"盔甲"级别的保护，隐形拉链的设计让包兼具防盗性能，安全性高，真正具备防撞、防水、防盗"三防功能"，直击商务人士用包的出行场景痛点。包身外壳抛弃传统造型，采用几何切割的多面体设计，拥有简洁的线条、一体化的设计以及极强的实用性，极具未来感、科技感和硬朗风。一包多用，12 个口袋的设计为用户带来实用的收纳格局，手机、充电宝、相机、水杯等都能装下，可以说将用户的出行场景痛点研究到了极致。

这款背包出自浙江凸凹文化发展有限公司（以下简称"凸凹"）。该公司由年轻的新锐设计师李立成于 2003 年创建，是

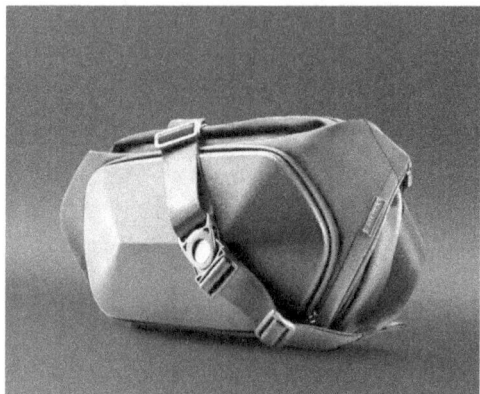

"探迹者"盾甲斜挎单肩包

集设计咨询、产品开发、原创品牌运营和设计投资管理为一体的综合创新平台。

"凸凹",得名于"无极到太极哲学"的思辨。企业的核心理念"为下一代设计",意为"为下一代用户、下一代产品、下一代生活"设计,也代表凸凹注重产品"前瞻性、未来性"的设计基调。

自2013年起,凸凹从工业设计进入二次创业阶段,开始创建以"凸凹设计"为基础、以"凸凹孵化"为核心、以"凸凹合创"为外延的原创设计商品集成平台。依托于凸凹成熟的设计服务产业的创业模式,结合众多资源,打通了从设计研发、供应链管理到后端市场渠道铺设的全产业链。

凸凹二次创业创新模式

1.0 基础深耕——设计

除传统的产品研究与设计外，凸凹在服务系统设计与体验设计等上层设计方面大力拓展，在新零售服务、医疗服务、银行服务乃至运营商服务领域深耕。凸凹将设计作为基础进行深度服务，从高感知、全方位、新技术、优体验、好流程、大格局六角度进行设计策略、设计开发和商业模式等方面创新。

2.0 核心研发——孵化

凸凹的2.0阶段开始发展孵化卖货业务，自主孵化了"探迹者""知几"等原创设计师品牌，品类涉及消费电子、时尚潮品、家居用品和文创产品，获得多项发明专利、实用新型专利与外观设计专利，同时包揽iF、红点等国际设计大奖。其中"探迹者"背包长期稳居小米有品品类销售榜首。

3.0 外延链合——合创

到了3.0阶段，凸凹开始向上游发展，以"设计+资金入股"方式与制造商合作打造生态圈。在各个垂直领域与产业链合作，拓宽产业范围，合创了小家电品牌"西猫优品"、生活美学品牌"膳佳"、运动品牌"骑迹"等，帮助更多的设计师和初创者在成熟的全产业链支持下提高创业成功概率。

凸凹现阶段业务模型

凸凹公司位于杭州梦栖小镇设计中心。"梦栖"寓意"设计梦想栖息之地"，是杭州市余杭区政府根据地区特有的文化、设计基因、区位优势和产业基础重点打造的文化创意重点产业园区、中国工业设计地、世界工业设计高地和全球资源聚合平台。园区目前集聚了源骏创新集团、奥格工业设计、+星影业、本来设计等数十家文创设计类企业，已集聚设计产业项目435个，集聚各类相关设计人才2700名。梦栖小镇设计中心是浙江省加快推动产业集聚发展，大力培育文化品牌的文化创意地区。

"内容力 × 运营力"，特赞模式"特赞"

正如特赞创始人范凌所说："设计是一件很艺术、很纯粹的技艺，但设计师会在匠人和商人之间纠结，有太多设计师被找项目、跟甲方沟通、管理项目这些细碎的、商务的事情拖累，于是我就想通过互联网的工具帮助他们解决这一部分问题，让他们的精力更集中在设计本身。"

特赞成立于2015年，本着用科技赋能商业和社会的想象力的使命，自创业以来，特赞始终专注于技术与创意的融合，致力于搭建创意内容的数字新基建。

特赞成功创立了一个全新的商业模式并成为后来者借鉴模仿的对象。特赞构建了一个自由职业者的市场平台，把开发者和企业对接起来。平台主要围绕客户和设计师之间的供需交易，在客户与设计师的供需交易中，企业通过设计创意平台发布交互、平面、插画、视频等设计任务，设计师或设计团队接单，提交设计成果后，企业付给平台酬劳并返利设计师。这是互联网时代下的商业模式创新，突破了空间、时间等限制，解决了交易市场两方的信任问题，让一个个分散的小市场在这个平台

特赞平台模式创新

上变成了一个大的交易市场。

业内有人这样一针见血地评价特赞——"创造社区化的设计平台，改变设计行业的生产关系"。或许这是特赞成功的秘诀，又或许这正是其他创业公司需要学习的创业"真经"。

"设计创新＋技术创新＋模式创新"，重构服务升级

在实际的产品设计项目对接中，企业与设计公司之间存在着认知鸿沟，出于认知、地域、经验、生产水平等原因，双方的需求无法进行高效匹配。

太火鸟的目标是帮助创意的提供者将灵感创意变成商品，鼓励其在平台上提交创意，用最合理的方式推荐产品，使创意

的提供者可获得丰厚的销售分成。太火鸟以"设计创新、技术创新、模式创新""三创"联动重构服务升级。在"智能科技"和"生活美学"的新消费趋势下，重构产品设计流程，提升孵化投资效率。以"线下体验+线上销售+品牌孵化"这一创新商业模式，增强营销势能，发掘既有"创新价值"又不失"感性设计"的中国原创产品和品牌，实现大众在孵化平台上蓄力创新、成功创业。

太火鸟商业模式创新

自 2014 年创立以来，太火鸟历经智能硬件创新孵化平台、基于工业设计的交易平台和设计管理系统搭建三大阶段，积累了大量与工业设计、创新产品研发和孵化相关的经验。

在长期行业运营基础上和服务行业的过程中，太火鸟认识到时代对设计行业的要求以及科技为设计行业赋能的重要性，为弥合设计师的智能产出效率和庞大的市场需求中间的鸿沟，太火鸟搭建了工业设计SaaS交易平台。太火鸟将设计公司数据库、产品库、用户研究平台和设计协同管理工具等一系列模块化互联网产品进行组合搭建，形成为生产企业和设计公司服务的对接平台，通过后台系统搭建、产品标签化、算法匹配、自动识别等技术，实现需求企业和设计公司之间的精准匹配，为需求企业提供产品定义、智能设计、智能决策等服务。

IP跨界新玩法，商业营销强势能

如今是IP爆发的时代，尤其是互联网企业，近年非常热衷为产品和品牌打造专属IP形象：小米推出"小爱同学"，百度地图推出"小度"，360推出"小安"，京东推出"Joy"，阿里巴巴则更多，有天猫、盒马、蚂蚁、飞猪……

IP（intellectual property），原指知识产权，是通过智力创造性劳动所获得的成果，由智力劳动者对成果依法享有专有权利。近年的IP概念的使用范围远不止于此，IP可以是一种文化，如故宫文化、敦煌文化、良渚文化等，可以是一部电影，如《长津湖》，或是一部动漫，如《哆啦A梦》，也可以是一个人物、一个地方、一个品牌、一个物品或一场活动等。

IP从泛娱乐形态快速渗透进新商业生态全维度，正发展成为各行业热门的营销方式。IP跨界合作战略让很多原本在倒闭边缘的品牌"起死回生"，超级IP被看作是近年打通新商业的互联网新物种，是IP中的顶级流量，是顶级的营销利器。如果说李子柒、line friends、《哆啦A梦》是极具商业价值的IP，那么《王者荣耀》、喜茶、故宫文创、《哈利·波特》、漫威、迪士尼等就是近年极具商业价值的超级IP。和很多网红主播一样，明星艺人也需要经营自己的IP（人设），一旦有负面新闻，就会极大损害IP变现的商业能力。

超级IP是辨识度极高的商业符号，自带商业势能。超级IP需要自带内容流量，具有故事性，具有足够的原创创意，甚至具有独立的价值观和个性特点，为大流量用户所喜爱，在持续商业发酵中，被不断引用和再创作，能维持较高的商业势能。这也是各企业为产品端建立卡通形象IP的原因。卡通形象作为产品IP，是品牌与用户沟通的渠道和介质，每个公仔各具特色，承载着各自品牌的产品基因和理念。卡通角色不仅赋予产品生命活力，还拉近消费者和品牌的心理距离，增加用户黏性。

对于企业来说，IP独立变现还不够，企业需要打造出衍生IP，持续扩大影响力。如故宫把猫打造成衍生IP，开发文创、旅游、儿童周边等产品，打造个人IP的衍生IP，让衍生IP反哺个人IP，实现商业变现。

超强IP喜茶的四维玩法

要说时下在中国有潜力超越星巴克市场份额的饮品，就只有喜茶了。2012年创办的喜茶，至2020年底已在海内外61个城市开出了695家门店。截至2021年，喜茶已获多轮投资，估值高达600亿元。市面上味道好的奶茶很多，为什么单单喜茶占领绝大多数市场份额？来看看喜茶模式的创新玩法。

20世纪80年代，台湾的珍珠奶茶走进大陆。90年代，CoCo（都可）、避风塘等品牌进驻上海、广州。此时的奶茶仍以冲调奶精等粉末为主，价格也低廉，在1~10元。2004年，85℃、贡茶等品牌的出现推动奶茶行业革新，用茶末、鲜牛奶等制作奶茶提升了口感。奶茶迅速成为饮料行业的竞争焦点，但此时仍没有一个领航级别的品牌出现。2012年，90后聂云宸开出一家名叫"皇茶"的奶茶店——正是当下热门的喜茶前身，而后其开创了喜茶。

喜茶的成功在于互联网思维、精准的用户运营、清晰的品牌策略，以及产品本身的差异化和服务仪式感。

喜茶IP打造方法论

运用互联网思维打入市场。喜茶的另一面也是互联网产品。最初，喜茶在互联网制造"流行卷入感"和"饥渴营销"。利用软文、小视频等形式在微信、微博、抖音、大众点评、小红书等社交媒体平台营销，提高曝光度。强视觉冲击的食物特写和制作过程、高清的视频观感、精良的制作内容和统一的风格，给消费者制造"喜茶流行风"和"万人空巷、一杯难求"的"饥渴感"。同时利用互联网大数据为品牌赋能，借助小程序为消费者提供堂食点单预约、外卖等服务，获取用户信息与行为数据，形成可视化的数字分析资产。

找准市场后精准运营。IP打造传播要有清晰的定位，明确的价值观，要善于持续整体策划。喜茶爆红的根本原因是消费升级，收入的提高使奶茶身价水涨船高。喜茶的消费者定位是年轻人，无论是丰富的颜色、高颜值的产品本身，还是门店精致时尚的装修、品牌视觉设计，都迎合了年轻消费者的喜好，且产品不断推陈出新。根据喜茶发布的《喜茶2020年度报告》，喜茶平均2周就会推出一个应季新品，持续制造热点、引爆话题、抢占市场。

清晰的品牌策略。喜茶门店选址均在一、二线城市的人口密集区域，经济发展程度较高，生活节奏快，人们接受新事物的能力较强，从而使消费群体有所保障。在获得较广泛的受众后，喜茶没有盲目扩张，甚至拒绝加盟店，所有门店全是中央工厂标准化运作，有自己的供应链，甚至自建水果种植地和茶园，这样的好处是维持了产品的标准化、高品质和好口碑。

打造产品差异化和服务仪式感，提升用户体验。这是喜茶IP玩法的最后一项。企业走得长远最终要依靠产品本身，持续打造产品本身的竞争力才是核心。与85℃、贡茶、CoCo、避风塘等品牌不同，喜茶注重产品和品牌差异化，摒弃廉价奶茶粉，首创新鲜水果、芝士加入鲜茶的"新健康奶茶"，对外称高压萃取茶袋只用一次等，这些都符合时下消费者对健康的需求；线下门店根据不同城市和不同灵感开展差异化的主题装修，深圳海岸城的环保主题店、上海新世界的大丸百货黑金店等，门店现场手作、明亮的店铺、服务设计流程都为喜茶IP制造了一种温度感，加深用户印象，持续提升消费者黏性。

"开放式创新"主导企业发展

在互联网发达的知识经济时代，很少有企业能完全依靠自己独立创新、独行天下。

"开放式创新"正在成为企业创新的主导模式之一。社交网络巨头脸书将软件代码、硬件设计等许多创新方案分享开源；创新型企业谷歌，一直无边界地开放创新，给小团队更大的自主权，创立神秘Google X实验室，鼓励工程师用20%的工作时间创新，谷歌的创新从不局限于某个规则或模式；微软、亚马逊通过内外协同的创新模式，吸纳借鉴行业优势，帮助自身快速发展；互联网巨头腾讯、阿里巴巴、今日头条通过战略投资、并购，拓展新的业务；海尔近年依托研发的基础优势和外部行业资源联合进行转型；荷兰阿斯麦（ASML）公司的成功来自开放式创新实践，光源设施来自美国公司，镜头来自德国，光学器材技术来自日本，轴承来自瑞典，阀门来自法国，集齐海内外大家之所长，与全世界相关的优质企业和用户构成战略联盟。

企业仅依靠内部资源进行高成本的扩张已很难适应快速发展的市场需求及日益激烈的企业竞争。回顾北京拜克洛克科技有限公司ofo小黄车业务的失败，主要原因之一是仅依靠筹集大量资金进行高成本的盲目市场扩张，未及时联合各方资源互通合作以实现商业变现。

开放式创新有助于将政府、企业、社会机构、大专院校、科研院所及社会各界创新资源汇集到一处，利用优势相辅相成、互助互联，提升自身的创新能力和水平，形成富有活力、积极创新创造、创业创投的行业氛围。企业转型须从封闭式创新转变，从闭门造车走向开放式创新，构建产学研、上下游、国内外、全方位的合作创新网络，强强联合建立创新共同体和新型创新生态。企业运用开放式创新不仅能在全球化大环境中帮助下一代行业公司进步，还能促进自身成长，与全行业各取所需、共同进步。

群体创新不断孕育新经济

近年随着信息技术的发展，开放式创新也逐渐衍生如众创、众筹、众包、众扶等多种模式。"四众"的提出对推进"大众创业、万众创新"发展有重要意义。从社会层面来说，"四众"模式实际上推动了我国经济社会和产业结构的向好向优调整，带来社会新的经济增长点。从学术层面来看，群体创新是由多个个体按照既定原则组织起来，围绕特定目标进行创新的新模式。在"互联网+"时代，Airbnb、Wework 等模式都是群体创新的成果。群体创新作为企业的持续竞争优势的重要源泉之一，以市场需求为导向，以技术、应用、模式等为产品创新的核心内容，着力于发展新技术、新产业、新业态、新模式等新经济，间接促进企业绩效提高，助推社会和产业转型。

2016 年，水滴筹诞生。"大病众筹模式"根据用户核心诉求和痛点及市场竞争态势，做到差异化竞争，"0 手续费"模式解决大病高额医药费等问题，由此水滴筹成为我国多层次医疗保障体系的重要补充形式。"滴滴打车"是群体创新实践的成功，是一种基于用户需求和大数据驱动下的创新平台，猪八戒网、京东物流、腾讯优测、太火鸟、特赞等都属于群体创新的智慧。

作为业内首创的"众包拣货"模式，达达优拣将拣货管理数字化和产品化。依托于达达苍穹大数据平台和拣货管理系统，将用工与门店、线上订单精准匹配，通过数字化管理保障拣货效率、拣货质量可追踪，众多商超门店高效率、全渠道地完成订单拣货、商品打包、订单交付等工作。实现拣货作业的过程不仅帮助零售商行业降低了成本、提高了效率，还为社会和行业提供了大量灵活就业机会。

群智创新助推"中国创造"

在互联网和人工智能技术飞速发展的数据智能时代，创新的环境、对象及模式都发生了深刻变化，消费者与开发者的边界日趋模糊，新场景、新服务、新商业模式、新产业生态涌现，跨学科交叉融合成为新趋势，增长导向的企业充分利用互联网平台的跨地域优势，吸引尽可能多的创作者提供创意，以更低成本获益。通过群体智慧结合科技手段解决问题的群智创新成为热点，数字化、共创化、智能化等时代特色驱动世界向群智创新时代发展。群智创新时代具有涌现性、协同性、共享性、技术性、去中心性等优势。

北美一家汽车制造商Local Motors（洛克汽车），正是利用群智创新成功实现了"开源"造车。通过用户参与和信息聚合，这种创新模式比传统造车方式缩短了近40%的设计造车周期，降低了设计成本。其打破原有的企业造车设计方式，是一个成功的群智创新案例，也为传统造车思路提供了新方向。戴尔的IdeaStorm、海尔的Hope、小米社区、InnoCentive等很多企业都采取群智创新模式，为企业输送源源不断的创造力。

发展群智创新对于推动中国创造具有一定的时代意义。步入智能时代，工业设计正借助互联网云平台，打通产品全生命周期、全产业数据链，催生出群体创新、开放式创新、网络协同、个性化设计、群智创新设计、服务设计等一系列新的营销、管理、商业的创新模式，拉近制造产业与日益增长的消费需求的距离，促进"中国制造"走向"中国设计"，提升中国品牌的世界影响力。

第 9 章 ｜ 科技自立：设计，整合科技之真

2016 年 3 月，AlphaGo 战胜韩国世界级围棋手李世石，人工智能正式杀入围棋领域。当时，以人工智能为代表的新技术对于大众来说还是陌生新奇的。当时谁也不会想到，在几年后的今天，京东、美团、滴滴、去哪儿网通过大数据可以轻而易举地对用户进行"杀熟"。

你是否想过这样的问题，为什么每个人的淘宝首页中推送的商品内容都不一样？为什么抖音总能刷到感兴趣的内容，提供匹配的视听满足感？以上都是当今国内互联网公司利用大数据筛选出用户的属性和需求，经过内容智能匹配后的结果。

和改革开放前相比，如今人们的工作、个人护理、出行、学习教育等方方面面都有了质的飞跃，这一切要归功于科技的进步。

当下是科技的时代，数字化和智能化的时代。科技的发展是产品研发的第一核心。人类社会的每一次进步都伴随着科学技术的进步，现代科学技术的飞速发展为社会生产力的发展、经济社会的发展和人类文明的发展提供了更大的机遇。现代经济发展的主导产业就是高新技术及其产业，社会发展的根本动力就来自科学技术的进步。

当下，科技与设计的关系空前紧密。2020 年 11 月，工信部工业文化发展中心发布的《2020 中国设计产业发展报告》指出，要主动适应新一轮产业革命的新形势，坚持推动"设计与科技"融合，在更高层次和更深领域发挥创新链、价值链的源头作用。

通信技术升级带来的时代红利

"十三五"期间，我国积极加强在通信技术领域的升级布局。2021 年 7 月，工信部等十部门正式印发《5G 应用"扬帆"行动计划（2021—2023 年）》。截至 2021 年 11 月，我国已经建成 139.6 万座 5G 基站，在全球占比超 70%，是全球规模最大、技术最先进的 5G 独立组网网络。我国 5G 应用发展水平显著提升，5G 网络使用效率明显提高，在诸多领域带动了新兴产业的发展，综合实力持续增强。

目前，我国 5G 网络覆盖率不断提高的同时，云计算和大数据的发展、通信业务的发展也进一步加快。5G 用户数量在持续增长。根据工信部透露的数据，截至 2021 年 11 月，国内 5G 终端用户数达到 4.97 亿，预计 2023 年达到 5.6 亿，个人用户普及率超 40%。基础电信企业积极发展（交互式网络电视）、大数据、云计算、互联网数据中心等新兴业务，2021 年上半年实现新兴业务收入 1145 亿元，同比增长 27%，其中云计算和大数据收入同比增速分别达 96.7% 和 31.3%。数据及互联网业务收入增速进一步加快，新兴业务收入增势明显。

艾瑞咨询公开数据显示，2020 年，5G 已渗透在智慧校园、智慧交通、智慧城市等各个社会场景。未来，5G 一定会和互联网一样，完全渗透进社会的各行各业，持续为促进新兴行业和全社会的发展变革提供动能。

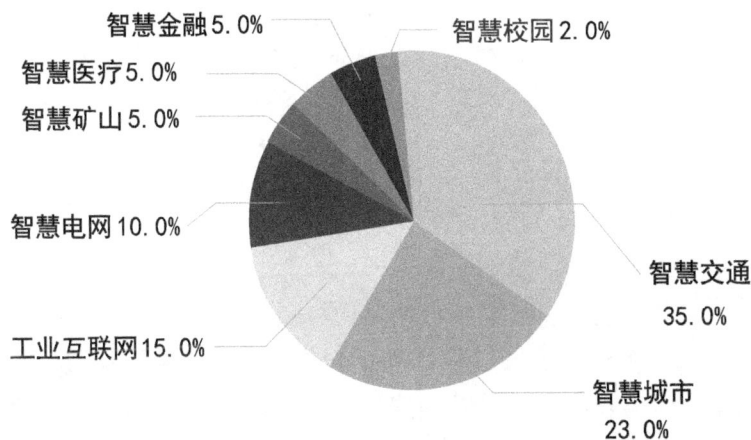

2020 年 5G 行业应用场景市场占比（数据来源：艾瑞咨询）

5G是帮助传统制造业实现"中国制造"向"中国智造"转变的重大机遇。中兴通讯在5G制造基地里部署了AGV小车（自动导引运输车）、8K机器视觉、机械臂、数字孪生、智能仓储等全场景泛5G应用，生产效率提升27%，生产周期降低13%。徐工集团启动的"5G+工业互联网融合应用项目"，以重型超大吨位起重机产业基地为依托，融合企业"5G+研发、制造、市场、管理、全产品施工"等业务应用需求，基于人工智能、机器视觉、AR、VR、高精度室内定位等面向工业互联网的关键技术，面向30多个"5G+工业互联网"典型应用场景，打造了工程机械行业首个5G端到端切片与边缘计算相结合的智慧园区专网，建设了5G全价值链智能工厂和智慧工业园区。长虹投产了国内首条"5G+工业互联网"生产线，通过生产全过程的自主调度、自主管理和自主决策，大幅提升了运营效率，为企业管理或生产线带来"制造"向"智造"的跃升。

5G技术发展的红利还有医疗生活的改善。北京协和医院联合中国移动升级了基于5G网络的远程眼科医疗服务体系，5G远程眼科手术治疗可以服务浙江、吉林、新疆等异地患者，主要消除了大众优质眼科资源匮乏的痛点。

根据Mobile World Live发布的报告，2021年全球移动通信系统协会（GSMA）作了以下预测：到2025年底，5G的连接数将达到18亿，约占全球移动连接总数的五分之一，而其中近一半的5G连接将来自中国，预计到2025年将达到8.28亿；预计在未来几年内，生活在5G网络的覆盖范围内的人将达到五分之二。

接纳5G，拥抱5G，利用5G，或许是当前企业的正确选择。

4G带来改变，5G带来颠覆

微信、支付宝、饿了么、美团、淘宝、抖音、斗鱼、快手等APP彻底改变了人们交流、支付、点餐、购物、娱乐的方式。正是由于数据速率大幅提升，4G通信改变了人们的生活方式，进而创造了一个全新的移动互联网时代。但5G的出现，将颠覆整个产业乃至社会。

如果仅仅基于实际的手机使用体验来评判，很多人不理解现有的5G和4G的根本性差异，甚至觉得5G和4G没有差别。其实，5G通信同4G通信相比有三个重大突破：速度更快、带宽更宽和时延更低。

速度更快。5G通信允许在一瞬间将数百万数据从本地传感器或小工具传输到远程云计算机，在那里处理并返回到相应的指令。

带宽更宽。在业界，带宽表示网络或线路理论上传输数据的最高速率。5G拥有更高的带宽，也就获得更高的传输数据的速率。

时延更低。时延是数据从网络服务器传输到终端所需的时间。由于 5G 网络速度更快，各个分布式处理器可以更迅速地处理大量数据，减少等待时间，降低时延。对于产业界来说，5G 可以满足低时延甚至理论上可以实现无时延，这将有利于 VR、AR 产业，更有利于自动驾驶、智慧工厂、机械臂远程手术等新场景。例如对于自动驾驶场景而言，低时延甚至无时延理论上可以降低甚至规避自动驾驶的交通事故发生率。同时，在精细化作业的工厂操作中，低时延几乎界定了产品的最终生产质量是否达标，甚至会决定是否会引发生产事故。

从下载速率可以直观地看出，4G 网络下载峰值速率约为 100Mbps，而 5G 网络数据下载理论峰值速率高达 10Gbps，速率是 4G 的 100 倍！

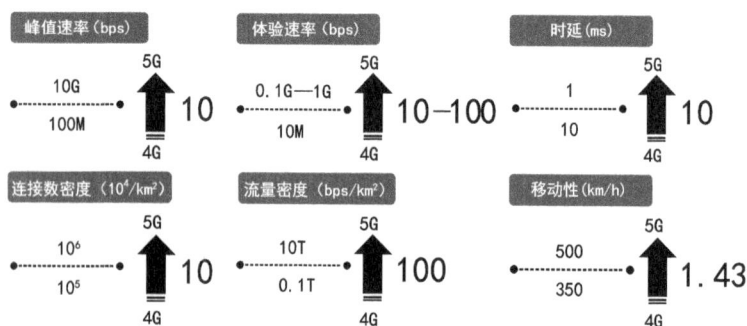

4G 和 5G 的关键性能指标对比（数据来源：艾瑞咨询）

6G 未来，我们将拥有什么

最早提出 6G 概念的是英国电信集团，其将 6G 初步描述为"5G+卫星网络"。比如通过卫星让 5G 信号不需要基站就能实现全球覆盖，实现更快捷且经济的互联网连接，让全球的网络真正覆盖为一个整体。

6G 通信技术将不再是网络容量和传输速率的突破，它是实现万物互联的"终极目标"。6G 在传输速度、时延、流量密度、连接数密度、频谱效率、定位、移动性等方面都远优于 5G。6G 峰值传输速率可达到 100Gbps—1Tbps，数据传输速率可能达到 5G 的 50 倍，时延降低到 5G 的十分之一。

总的来讲，6G 通信在以下三个方面被大家关注。

下载速度获得革命性突破。2019 年 11 月，全球首份 6G 白皮书《6G 无线智能无处不在的关键驱动与研究挑战》指出，"6G 的大多数性能指标相比 5G 将提升 10 到 100 倍"。在 6G 时代，1 秒钟下载 10 个高清视频不是梦。

全球医疗和教育颠覆性覆盖。6G 移动通信+卫星通信的结合将实现全球通信的无缝覆盖，网络信号能够抵达世界任何一个偏远的角落，这样，即使身处偏远的大山，也能享受到优质的远程医疗和教育。

自然灾害急速预测。6G 地面网络+全球卫星定位系统+电信卫星系统+地球图像卫星系统的联动，能更精确地帮助人类预测天气，快速应对自然灾害。

如果把 4G 比喻成自行车的行驶速度，那么 5G 可类比成磁悬浮列车的速度，而 6G 则更像是航天飞机的速度。6G 网络实现的是地面网络与卫星通信集成的全连接。这就为数字经济的发展奠定了良好的基础，为实现虚拟世界创造了基本条件。2021 年 6 月，IMT–2030（6G）推进组发布的《6G 总体愿景与潜在关键技术》白皮书提出，未来，6G 将在 5G 基础上从服务人、人与物拓展到支撑智能体的高效互联，实现由万物互联到万物智联的进一步飞跃，将呈现出沉浸化、智慧化、全域化等发展趋势，形成沉浸式云 XR、全息通信、感官互联、智慧交互、通信感知、普惠智能、数字孪生、全域覆盖等业务应用，最终助力人类社会实现"万物智联、数字孪生"的美好愿景。

阿里巴巴两大爆款科技：阿里云 2.0 和云计算机"无影"

2020 年 9 月 17 日，阿里巴巴举行了新一届云栖大会。这次大会引发了业界的强烈关注和热议，因为阿里巴巴推出了两个爆款科技项目，即阿里云智慧升级版的阿里云 2.0 和基于云平台的智能计算机"无影"。

阿里云 1.0 和 2.0

阿里云创建于 2009 年，是阿里巴巴集团旗下的云计算、人工智能公司。

云计算是一种利用云端网络，将巨大的数据计算处理程序有机分解成无数个子程序，最终经过由多部服务设备组成的系统分类处理和计算，并返回给用户使用的技术。早期的云计算类似于简单的分布式计算，用以解决任务分发和进行计算结果的合并。

和1.0不同，载有数字原生操作系统的阿里云2.0实现了历史性的飞跃。1.0时代的云服务提供计算资源，为城市、政务、互联网、智慧交通、新金融、能源、汽车与出行、自然资源、新零售、公共服务等智能化产业提供了计算支持。阿里云2.0以"飞天云平台＋数字原生操作系统"为核心，为开发者和企业提供了更为简单易用的工具，从使用层面全面降低了云计算的操作门槛，从根本上助推云产业的发展变革，发挥出群智创新的新生力量，挖掘出云计算在产业界的巨大潜能。不仅大范围地解决了基础的互联网技术问题，还利用新技术帮助企业解决更实际的业务问题，深入行业，帮助企业与专家、客户深度碰撞，挖掘行业需求，发展出一条全新的生态链，为行业提供服务。阿里云2.0将领先的数字技术组合性应用的能力转化为企业的创新力，实现"用新的数字技术创新性去解决问题"。

云计算机"无影"

云计算机"无影"是基于阿里云2.0技术的一个开创性产

品。"无影"是一台全新的"长在云上"的"超级电脑",它在本地没有主机,更没有中央处理器和硬盘,云电脑的所有硬件设备都被高度集成在云端的数据中心里。

依托 5G 技术和云端技术,"无影"的特点在于数据随身携带,随时在云端扩充算力。它不仅具备传统计算机的所有能力,还能承担传统计算机不能做、做不好的工作,甚至可以随时在云端扩充算力,胜任在线办公、制图、设计建模、动画渲染、软件研发等一切传统笔记本电脑可以做的工作,这对未来办公、通信和设计等行业来说均是一项突破性的升级。

物联网:鸿蒙,加速万物互联时代的到来

物联网技术离不开数据。如果把数据比喻成水井,那么物联网技术就是提取原始数据,并将数据传输到相关分析引擎进行筛选提炼的水泵。物联网一般指通过信息传感器、射频技术、全球定位系统、激光扫描仪等专业设备和技术,实时收集需要监控、连接和交互的对象与可能的网络接入,实现物与人之间无处不在的联系,从而完成对物与过程的智能感知、识别和管理。

物联网就是把所有物品通过特定的信息传感设备与云端连接起来并进行实时的信息交换,用数据的方式实现管理。

华为的鸿蒙(HarmonyOS)是物联网这门"武艺"的"集大成者",发布于 2021 年 6 月 2 日,是面向全场景智慧生活方

式的分布式操作系统。

鸿蒙是智能时代发展的产物，是面向物联网的操作系统。鸿蒙定位于手机平板、智能穿戴、智能汽车、智能家居等多种应用场景，通过无线连接或软件定义，设备间可自由构成一个"超级终端"，实现不同硬件的深度融合交互。鸿蒙能够将消费者生活场景中的各类终端进行整合，形成"一个超级设备"，实现不同终端设备之间的极速连接、能力互助、资源共享，为消费者带来流畅的全场景体验。

截止到2021年12月，鸿蒙系统推出仅半年，用户数已超1.5亿。鸿蒙的问世将加速物联网在全球的推广应用，从而开启人与万物连接的新智能时代，也将加速中国物联网等新一代信息技术的发展，有利于国产软硬件自主可控动能加速释放，有望在物联网时代实现弯道超车。手机终端只是鸿蒙目标设备中的一部分，"手机+物联网"设备在功能、交互等方面互联互通的新体验时代，才是鸿蒙的核心目标。

数字孪生：大数据发展下的产物

元宇宙概念爆火让数字孪生技术进入了更多人的视野。2010年，数字孪生（digital twin）被美国国家航空航天局定义。随后这个概念从Gartner到埃森哲一路火到中国，咨询师、分析师们都对数字孪生技术的发展前景表示肯定。

数字孪生是对现实物理世界的人、物、事等所有要素进行数字化的技术。"数字"+"孪生"是大数据发展后的"标准化"产物，是连接物理世界和数字虚拟世界的最佳纽带。

数字孪生在实际运用中可以做什么？运用数字孪生技术，可以在网络虚拟空间再造一个与现实对应的虚拟世界。拿目前

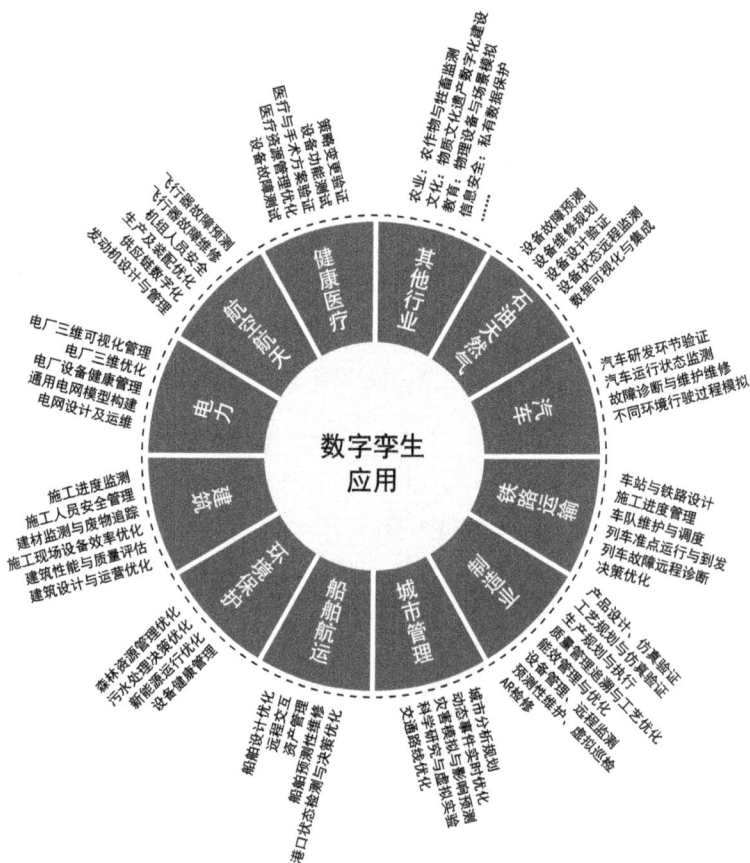

数字孪生的应用［数据来源：《数字孪生应用白皮书（2020 版）》］

运用较深入的智慧城市建设领域举例，数字孪生可以帮助实现城市全要素的数字化和虚拟化、实时化和可视化。具体来说，可以帮助了解城市全状态、城市运行管理协同化和智能化，最有效的是能够通过模拟、监控、诊断、预测、防控和调度手段及时解决城市问题。

2020年，中国国际高新技术成果交易会发布的《数字孪生应用白皮书（2020版）》指出，数字孪生的终极目标是为整个物理世界构建出完整的数字映射，为物理世界复制虚拟数字分身。这也许不太好理解，但是从企业的角度来说，数字孪生可被理解成对企业的资产和流程进行数字化展示，从而更清楚直观地了解、预测和优化业务流程，以提升业务成果。

数字孪生作为数字经济中的一项关键技术和高效能工具，通过计算机模型模拟真实场景，可以发挥其在模型设计、数据采集、分析预测、模拟仿真等方面的作用，推进我国产业数字化进程，促进实体经济与数字经济的融合发展。

未来，数字孪生将为全产业释放出巨大潜力。数字孪生在全产业各领域将广泛应用实施，可应用于构建智慧城市、智慧物流、智慧园区、智慧交通、智慧水运、智慧地铁、智慧能源等服务，将广泛运用于制造业、城市管理、建筑、健康医疗、汽车、铁路运输、文博文旅等多个领域，尤其是在工业制造、智慧城市、智慧医疗方面，促进多行业的产品设计、工艺规划、智能服务和仿真验证，促进物理化和虚拟化的融合，带来全新的生态系统变化。数字孪生也将为设计行业带来巨大的变革，同物理世界一样，在虚拟世界中的虚拟角色，也会涉及虚拟决策行为。我们也能工作、生活，也会产生一系列和物理世界相应的行为，如支付、购买、交易、驾驶等行为。虚拟世界中也涉及工业、汽车、医疗、零售等行业，运用设计手段与数字孪生技术结合，将为社会带来更智慧的新面貌。对未来企业来说，设计行业业务须面向物理和虚拟两个世界，线上算法端等将弥补物理世界的问题，不断对其赋能提效。

数字货币引发的社会变革

2020 年 4 月，全球首张法定数字货币在中国诞生。

数字货币在 2020 年新冠肺炎疫情后被推向风口，迎合了疫情宅在家中的使用场景，能发展线上业务、无接触交易，也消除了传统纸币载体可能会传播病毒的风险。我国是全球首个诞生法定数字货币的国家，数字货币为全社会带来的不仅是交易方式和支付场景的变革，更是一场全行业的颠覆。

数字货币的推出将重塑支付产业链，银行核心系统、数据库、ATM 等银行软硬件都面临改造，个人手机等终端和 POS 机也存在替换需求。数字货币作为数字经济发展的基石，推动形成了一个区别于我们生活的物理世界的空间——虚拟世界。数字货币时代的到来使虚拟世界获得了重大的突破和发展。

四元空间下的创新设计

随着大数据、人工智能、VR、AR、5G、物联网等技术的发展成熟，世界从"物理—人类"的二元空间到"信息—物理—人类"的三元空间，再向着"信息—物理—机器—人类"四元空间演变。

随着人类空间的进化拓展，市场越来越开放，创新驱动方式和设计方式不断更迭，消费者对工业设计的需求与日俱增，设计已从1.0过渡至4.0阶段，产品创新正在以工业设计为引擎，推动产品"制造"向产品"智造"转变。

二元空间：以功能性为主的设计1.0时代

在"物理—人类"二元空间中的传统设计1.0时代，产品基本上与人类的基本生存、生活物质需要紧密相关，设计活动的开展多依赖粗放的自然资源和生活技能、经验的传承，产品最核心的功能性成为影响设计创新的决定性因素。在二元空间里，设计更注重功能性，产品创新更多以市场为导向，以技术需求驱动为主。

三元、四元空间：多元化的设计2.0、3.0时代

在"信息—物理—人类"的三元空间里，设计推动了社会生产方式进步，人类创造了以蒸汽机、内燃机等为代表的发明，工业革命、消费主义、全球化发展，各产业开始繁荣，消费需

求逐渐增多，社会步入了 2.0 和 3.0 现代化设计时代，设计以美观性、体验性为主，产品创新逐渐多元化。

20 世纪末，互联网的发展加剧了消费需求升级，世界从三元空间过渡到"信息—物理—机器—人类"的四元空间。21 世纪开始，在信息碎片化传播的互联网时代，新生消费群体以 80 后、90 后、00 后为主，他们不仅追求概念化的视觉导向，对产品的实用性、体验感也提出了更高挑战。设计趋势更依赖智能科技、创意，以绿色低碳、网络智能、开放融合、共创分享为特征的创新设计和智能创意设计迅速发展。产品创新开始关注用户，市场以用户为导向，形成以设计、市场和技术驱动创新的闭环。

四元空间下，大数据、人工智能、5G 通信等前沿技术快速发展，空间各构成要素相互融合、虚实共生，设计进入群智创新的 4.0 时代。数字智能经济的发展使非物质载体的虚拟信息空间形态迅速普及，在虚拟信息空间里学习、休闲、娱乐成为数字原生一代的主流消费方式，向虚拟时空的迁移是信息技术和人类文明发展的趋势。人类文明存在方式的转变使设计从"物理空间"迈向"虚拟信息空间"，以协同、共创为主的群智创新设计和数字智能经济发展催生的数字原生设计成为设计 4.0 时代的新范式。

设计 4.0 下的群智创新设计

在设计 4.0 时代，消费者与开发者的边界日趋模糊，新场景、新服务、新商业模式、新产业生态开始起步，跨学科交叉融合成为新趋势，增长导向的企业可充分利用互联网平台的跨地域优势，吸引尽可能多的创作者提供创意，更低成本获益。因此，通过群体智慧，结合科技手段解决问题的群智创新成为热点，数字化、共创化、智能化等时代特色驱动世界向群智创新时代发展。

群智创新，即群体智能的创新，而群体智能是超越个体智力的智能形态的统称。群智创新指多个个体按照既定原则组织起来，围绕特定目标进行创新的活动。群智设计是通过互联网及人工智能系统，吸引、汇聚和管理各知识背景参与者以全网协作方式共同解决跨学科的复杂问题。

群智创新是充分利用互联网平台和人工智能群智感知计算技术，通过大数据链路开展立体、网络状和多源异构的协同价值共创的创新形式。较原有创新时代而言，群智创新时代更充分地突出了人工智能技术在群体智慧共创过程中的优势，注重群智创新生态构建，并驱动经济创新、社会创新、体制创新、商业模式创新等。群智创新时代具有涌现性、协同性、共享性、技术性、去中心性等优势。群智创新时代，设计活动的开展由基于物理世界资源向基于虚拟世界数字原生资源转换。虚拟数字化资源及知识成为设计的重要来源，消费者与设计者的边界

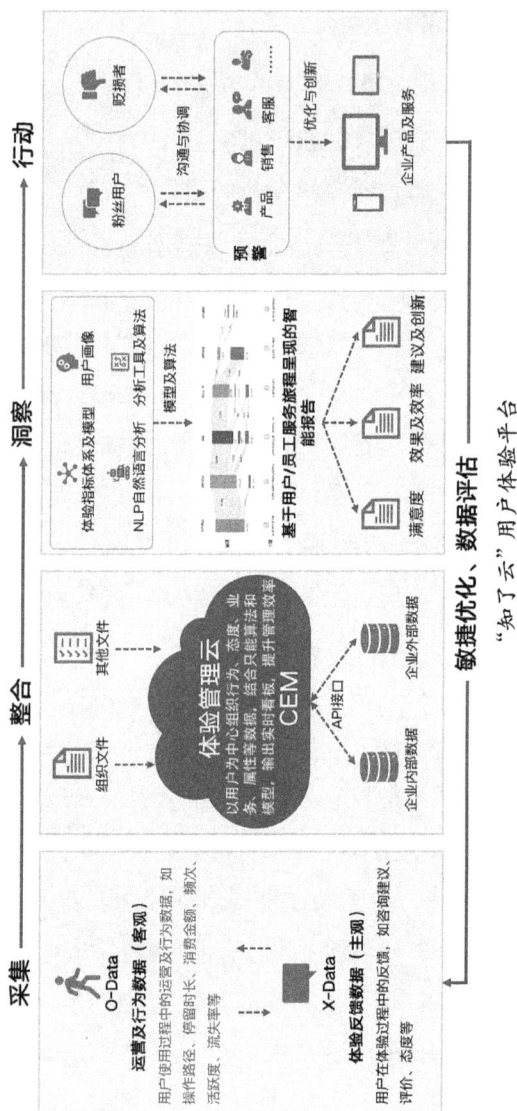

采集　　　整合　　　洞察　　　行动

采集

O-Data
运营及行为数据（客观）
用户使用过程中的运营及行为数据，如操作路径、停留时长、消费金额、频次、活跃度、流失率等

X-Data
体验反馈数据（主观）
用户在体验过程中的反馈，如咨询建议、评价、态度等

整合

体验管理云 CEM
以用户为中心组织行为、态度、业务、属性等数据，结合只能算法和模型，输出实时看板，提升管理效率

组织文件

其他文件

企业外部数据

API接口

企业内部数据

洞察

体验指标体系及模型

NLP自然语言分析

用户画像

分析工具及算法

模型及算法

基于用户/员工服务旅程呈现的智能报告

满意度

效果及效率

建议及创新

行动

粉丝用户

疯顶者

沟通与协调

优化与创新

产品　销售　客服

企业产品及服务

敏捷优化、数据评估

"知了云"用户体验平台

日趋模糊，各方参与者合力挑战复杂设计任务成了常态，衍生出了群智创新模式。

浙江大学华南工业技术研究院、广州知了科技有限公司开发的"知了云"用户体验平台可通过大数据获取用户行为触点，对客户体验流程进行分析，通过洞察大量用户数据背后的设计思考，产生客观实时可视化设计评价，从而形成客观去中心化的评价和优化机制。

设计 4.0 下的数字原生设计

数字经济的加速发展使信息资源集成共享，在整个经济社会领域内加速知识扩散，从而推动设计创新加速。

共创汇聚的大数据成为无限分享和增值的创新资源，数字化、网络化、智能化造就了设计制造、经营服务、消费应用新格局。在新格局下，消费者正向数字原生一代（digital native，N 世代）聚拢。N 世代的生活重心向虚拟世界转移，由此带来了消费方式的实时化、在线化、数字化、虚拟化、个性化状态空前凸显，消费方式的变化助推了设计的革新，使设计从注重功能性转向兼顾场景性、体验性、愉悦性和美观性，再到强调创新设计及智能创意设计，最后向数字原生设计发展，实现了从现实世界到虚拟世界再到虚实结合的设计空间的转化。

数字原生设计指在数字智能经济环境下，集聚多学科资源，汇聚群体智能，利用数字原生资源开展的创新设计活动，是由数字智能经济发展及群智创新普及催生的新设计方式。数字原生设计除在数字虚拟空间开展外，也指在物理空间开展的利用数字原生资源拓展产品体验的设计，其内核是基于互联网数字空间群体智能的设计价值共创、共享和永续发展，辐射用户需求确定、群智创意推理、群智方案决策、多元体验拓展、传播交互衍生、数字资产管理的整个原生数字设计相关组织及组织间的关系网络。本质上，数字原生设计是使设计空间从物理世界迈向数字虚拟世界，实现虚实共生的设计创新方式。数字原生设计借助群智创新形成无限创意及体验。借助群体智能，设计参与者利用原生数字资源进行无限的创意及体验开发创新。麻省理工学院和IBM合作，开发了"GAN绘画工作室"，允许用户任意上传数字图像并从多种角度修改其外观。Roblox在沙盒游戏的基础上打造了稳定的经济系统，激发了用户的创新热情和潜力，用户积极参与虚拟空间中的群智创新，获取现实收益。目前，平台超过1800万个游戏体验为用户群体共创。

通过群智开发的虚拟数字场景还能为用户提供无限体验，承载和创新物理世界的功能。在游戏领域，育碧的3A大作《刺客信条：大革命》实现了巴黎圣母院1：1精准度的还原，用户可以在游戏中体验巴黎圣母院的文化底蕴。由腾讯AI Lab打造的国风AI虚拟偶像"艾灵"正拓展AI在虚拟偶像、虚拟助理在线教育、数字内容生成等领域的应用。通过群体创新，在虚拟数字空间中，用户可以实现更加真实的数字化虚拟生存。

伴随数字孪生、人工智能、物联网、数字货币的发展，消费者的生活重心向虚拟世界转移，由此使得消费方式和消费场景更加实时化、在线化、数字化、虚拟化、个性化。

消费方式变化助推了设计行业革新，使设计从注重功能性向注重场景性、体验性、愉悦性和美观性发展，从强调创新设计及智能创意设计向数字原生设计发展，实现了从现实世界到虚拟世界再到虚实结合的设计空间的转化。数字智能经济的发展使非物质载体的虚拟信息空间形态迅速普及，在虚拟信息空间里学习、休闲、娱乐成为数字原生一代的主流消费方式，向虚拟时空的迁移是信息技术和人类文明发展的趋势。

四元空间下，在虚实空间中，设计如何真正回归"以用户为本、以实用为本"尤为重要，将工业设计跨界融合，产品设

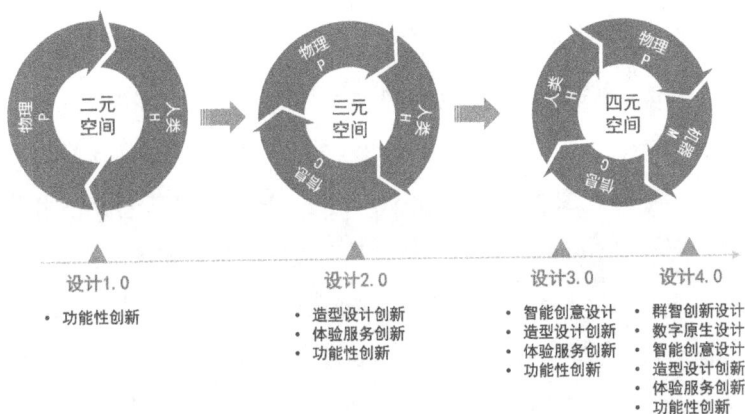

四元空间下的创新设计

计创新可从外观造型、功能设计、交互流程、用户体验、材料工艺、服务设计等入手，重塑产品的品牌策略、产品链孵化、商业模式等，将用户研究、产品策略、体验设计、商业展示、营销传播等多方面设计整合，以产品设计为驱动构建设计 4.0 下的企业创新模式。

未来：元宇宙空间下的创新设计

2021 年可称为元宇宙元年。由于用户使用场景的演变和新兴技术的突破，用户的消费需求也随之发生着变化。由于数字孪生技术的迭代，数字货币的成熟，各类智能终端的普及，电商、短视频、游戏等应用的兴起，以及 5G 等基础设施的完善等社会发展要素的进步，催生了一个行业热炒的新概念——元宇宙（Metaverse）。

巨头下场开展元宇宙布局

元宇宙概念出自 1992 年的美国科幻小说《雪崩》，原指一个半虚拟空间，用户能以真实生活的方式进行互动，其形式和电影《头号玩家》类似。如今，VR、AR、数字孪生等技术将催化元宇宙空间的构建，虚拟世界和真实生活将可能无缝衔接。

各大小企业纷纷下场对元宇宙进行业务布局。社交网络巨头脸书正式更名为 Meta，布局 VR 社交领域；谷歌通过 Stadia 布局云游戏；Epic Games 推动《堡垒之夜》和虚幻引擎等领域的发展。中国的腾讯、字节跳动等公司也开展了元宇宙多维度的业务探索。腾讯提出"全真互联网"概念，投资Epic Games、Roblox等公司，主要布局虚拟世界、音频流媒体、虚拟演出等社交或游戏业务；字节跳动主要针对视觉计算、VR设备和3D视觉技术等布局，入股拥有UGC（用户生成内容）游戏社交平台《重启世界》的游戏公司代码乾坤。

元宇宙的产业链体系

目前，元宇宙的产业发展体系可从底层技术到体验场景分为七层：体验、发现、创造者经济、空间计算、去中心化、人机交互、基础设施。

从各企业巨头布局的风向看，游戏体验当下最靠近元宇宙的"路径"，从游戏体验层为主，深化到社交、电竞、购物、电影、旅游等其他领域，为用户提供包括娱乐、社交、购物、学习、工作等更多场景体验。发现层指对新体验评价和精选的过程，主要解决元宇宙新体验如何触达用户的问题，包括广告、社交、展览、应用商店等。创造者经济层包括设计工具、资产市场、工作流程和商业等，创造平台提供集成工具，人人有机会创作和分享内容。空间计算层是实现元宇宙世界与现实世界无缝切换的关键技术，空间计算是元宇宙的技术支撑难点之一。在空间计算层，3D引擎让人类创造并进入虚拟的3D空间成为可能，结合VR、AR、XR、多任务用户界面、地理空间映射等技术可助推实现虚拟和现实世界的联通，实现两个世界的相互感知与交互。去中心化包括边缘技术、人工智能代理、微服务、区块链等技术，实现算力以处理元宇宙世界的庞大数据，帮助创造者发展和壮大。人机交互是高沉浸感的技术核心，包含手机、智能眼镜、可穿戴设备、触觉、手势、语音、神经接口等。基础设施是最底一层，包含5G、Wi-Fi、6G、云服务器、14纳米工艺的半导体、微电子机械系统、图形处理器（GPU）、材料等实现元宇宙的基础设施和软硬件设备。

元宇宙经济的蓬勃发展须以一套共享、广受认可的标准和协议作为基础推动实现整个元宇宙体系的统一性和虚拟经济系统的流动性。而加密货币和NFT、区块链、边缘计算和人工智能技术的突破将进一步实现去中心化。未来，人机交互设备如智能手机、VR、AR、智能可穿戴设备、脑机接口等智能硬件将承载元宇宙的入口和更多的应用与体验。在基础设施层，通信、半导体、GPU和材料等技术的快速发展，将大幅度提升虚拟环境中的实时通信能力，支撑大流量、低时延、高沉浸的体验。

虚拟化身形象与数字分身

随着人工智能、智能终端、云计算等技术的发展，起源于游戏领域的元宇宙不再局限于游戏。元宇宙作为一种未来数字生活的媒介，需要建立一个公平的经济体系和规则，即所有创

物理世界与虚拟空间的活动

作者都能参与这个体系。这个虚拟体系承载着真人意识的数字体验，进行社会活动。

在元宇宙里，人们更多通过网络满足现实中自我生活的需求。用户创造与之对应的自身虚拟形象以产生独特感与代入感，并在元宇宙场景中以虚拟身份进行活动。在物理世界中的活动，在元宇宙中仍能以数字分身的"我"去完成。元宇宙能够寄托人的情感，让用户有心理上的归属感。因此，用户可以在元宇宙体验不同的内容，结交数字世界的好友，创造自己的作品，塑造自己的形象，进行交易、教育、会议、娱乐等社会活动。

元宇宙下的未来创新设计趋势

消费需求的变化导致用户场景的变化。给线上线下的消费者带来更丰富的数字生活体验和现实与物理世界的交互方式将是设计创新的重要趋势。AR、VR设备实现突破性的发展迭代升级后，设计将以用户获得虚拟空间沉浸式体验为主要目标。为所有活动流程设计产品和交互方式将是未来元宇宙空间的主要内容，以大数据、云计算、通信技术、数字货币等技术为背景的设计将有很大的自主发挥空间。在这个空间里，可延伸元宇宙的空间设计、数据智能设计、虚拟决策设计、四元空间设计以及物理、虚拟两空间的交互设计。此外，互联网为社会提供了更多自由职业的选择，企业组织线上线下协同的结构变化，消费者线上办公和生活的习惯养成，对虚拟世界的沉浸等因素，都使得未来元宇宙空间的设计创新蕴含了较大发展空间。

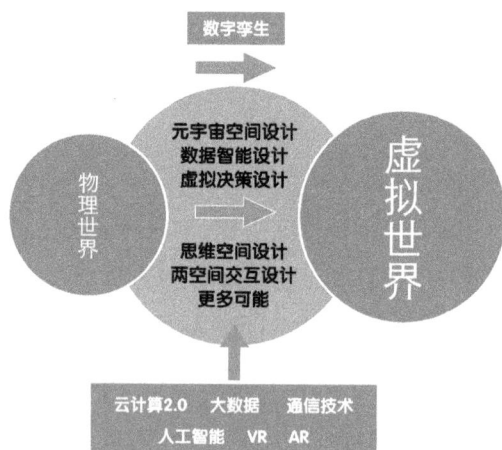

元宇宙空间下未来设计创新趋势

第 10 章 | 绿色为本：设计，创造产业新生态

能源是支持人类社会经济发展进步的原动力。第一次工业革命后，随着制造业的快速发展，天然气、石油等化石能源消耗巨大，促进人类社会繁荣的同时给全球带来环境严重污染和资源枯竭等问题。重度雾霾、海平面上升、南北极异常升温等生态和气候问题严重威胁人类社会可持续发展。全球能源形势还面临能源供应格局改变、能源资源争夺、国际能源市场动荡等一系列问题，为此需要加快调整优化能源结构、产业结构，加快新能源开发。

《中国未来 50 年产业趋势洞察白皮书》显示，2012—2020 年，中国工业规模持续扩张，在全球工业中的产值比重持续上升，但工业生产活动中产生的各类排放物带来了较严重的环境问题。中国煤炭消费量在 2014—2020 年总体呈现稳定小幅度增

长趋势，消费量从 2015 年的 27.5 亿吨增长至 2020 年的 28.3 亿吨，复合年均增长率为 0.7%。

2020 年 9 月，我国在第七十五届联合国大会上提出，二氧化碳排放力争于 2030 年前达到峰值，于 2060 年前实现"碳中和"。"碳达峰""碳中和"是构建人类命运共同体，使世界各国实现可持续发展的重大战略决策。如何推动人类社会与自然环境的共赢发展，早日实现"双碳"目标，成为未来城市发展的重要课题。

在应对全球气候问题方面，中国展现出大国担当，"碳达峰""碳中和"被写入政府工作报告，"绿色""生态"成为"十四五"规划的关键词。在中国大力实现"双碳"目标背景下，中国制造业逐步迈向绿色工业，实现绿色化与清洁化。绿色工业可通过合理、充分地利用各类资源与技术，实现工业经济活动中产生的碳排放物质生产最小化。

世界资源研究所（WRI）统计数据显示，中国碳排放的 41.6% 由发电和供热行业"贡献"，23.2% 来自制造业和建筑业用能，7.5% 来自交通运输领域。2020 年 10 月，十九届五中全会审议通过的《中共中央关于制定国民经济和社会发展第十四个五年规划和二○三五年远景目标的建议》中提出，发展战略性新兴产业，加快壮大新一代信息技术、生物技术、新能源、新材料、高端装备、新能源汽车、绿色环保以及航空航天、海洋装备等产业。

受国家加快推动生态文明建设、社会公众节能环保意识增强等多因素推动，中国节能环保产业快速增长，总产值从 2010 年的 2 亿元增至 2020 年的 7.5 万亿元。"十四五"时期，中国将聚焦战略性新兴支柱产业——节能环保产业，这一产业发展前景势头良好，市场总量将达历史高点。

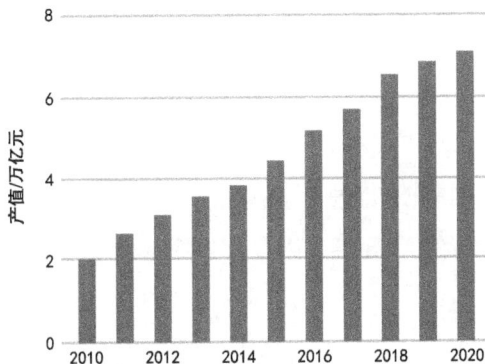

中国节能环保产业产值（2010—2020 年）

"现象级产品" 五菱宏光 MINIEV 的背后

在 2020 年 10 月的国务院新闻办公室发布会上，数据显示我国新能源汽车总保有量超 400 万辆，占全球 50% 以上。中国在电池、电机和电控等新能源方面的研发布局已形成较完善的新能源汽车产业链，新能源汽车产销量连续五年居世界第一。

2021 年，五菱推出宏光 MINIEV。《2020 年中国小型纯电动乘用车出行大数据报告》显示，2020 年 7 月上市以来，极具网红气质的五菱宏光MINIEV刷新了小型纯电动乘用车的纪录，市场占有率达43%，成功开创小型新能源汽车的蓝海市场，成为红极一时的现象级产品。

这款车成为现象级产品的背后是环境能源危机和创新设计的双重效应。宏光MINIEV是上汽通用五菱在开展为期3年的用户和市场调研后所设计的产品。为积极响应"双碳"目标，五菱筹划为拥挤都市提供更多样、更切实可行的代步出行方案，技术中心研发团队实地观察，发现大街上超80%的车乘坐人数不超过2位，因而基于企业的环保发展理念和市场需求推出该产品。宏光MINIEV行驶总里程达10.43亿公里后预计减少碳排放总量42万余吨，五菱运用设计重新定义了微型代步车市场和环保新方案。

新能源市场释放出巨大潜力

2020年11月，国务院办公厅印发的《新能源汽车产业发展规划（2021—2035年）》提出，到2025年新能源汽车新车销售量达到汽车新车销售总量的20%左右。我国出台多项政策鼓励新能源汽车发展，包括提高新能源汽车的财政补贴、降低新能源企业的门槛等，各项政策规划为我国未来15年新能源汽车的发展提供了坚实后盾。在此愿景下，到2025年我国新能源汽车销量有望达到530万辆。

小型新能源汽车逐渐成市场新宠。艾瑞咨询发布的《2020

年中国新能源汽车行业白皮书》显示，2019 年，威马、小鹏和蔚来的三款车型销量均突破 1 万辆，威马 EX5 以 16683 辆的成绩排名 2019 年新势力单车销量第一。2021 年 5 月，新能源汽车品牌蔚来正式宣布进入海外市场挪威。在全球竞争最为激烈的中国市场，蔚来凭借直营直销、服务用户等商业模式，仅 6 年时间就成长为新能源市场的引领者，向外界展现出其强大的营收潜力。

根据中国汽车工业协会数据，2020 年，中国新能源汽车累计销量达 136.7 万辆，同比增长 10.9%，新能源汽车产销量已连续 5 年居全球首位。巨大的消费市场也助推中国新能源汽车产业技术水平快速提升，形成较为完善的产业生态体系和配套环境。整体而论，中国新能源汽车行业处于发展初期，但是市场已经初现潜力。

光伏扶贫，重塑产业新生态

新能源产业的发展在各个领域都持续走高。在电力资源行业，传统光伏发电高峰电力消纳不掉，低谷时又供应不足，人与自然的矛盾日益突出，构建绿色低碳、循环发展的经济体系迫在眉睫。

2013 年，阳光电源提出光伏扶贫，建立了村、户、电站的立体化精准扶贫模式，惠及 30 万贫困户、2200 个贫困村。

阳光电源推出"高效发电、安全可靠、简易管理"的光伏扶贫逆变器，从功能创新设计入手，为贫困群众提供了更安全稳定的收益。光伏逆变器能将太阳能转化为日常使用的交流电。一台逆变器可满足一个家庭的电量需求，多余的电力还可输出给电网。逆变器可以在弱光下工作，可以早启动晚停止，这样设计的优势是能增加 2% 的发电量。以 25 年的生命周期推算，逆变器可以产生 80 万千瓦时的电力，能增加 50 万元收入，减少二氧化碳排放 500 吨，相当于种植 25000 棵树！

阳光电源的户用光伏逆变器

2018 年，阳光电源的光伏扶贫项目获中国工业设计协会颁发的设计扶贫爱心奖、《中国改革报》颁发的中国能源产业扶贫创新奖、2021 年德国 iF 设计奖等。

作为清洁电力转换设备提供者，阳光电源开展绿色生产运营的广泛实践，公司厂区屋顶进行了光伏发电系统设计，提高了能源使用的效率，逐步向零碳工厂转型，促进可再生能源使用比例持续提升，助推全球可持续发展进程。

阳光电源厂房屋顶的光伏发电系统设计

在产品开发流程中，阳光电源通过建设标准化、规范化的设计流程，搭建高效的技术和知识管理平台，从新能源电源设备的系统结构、热管理、仿真分析、造型、用户体验等角度开展创新性设计与技术研究。2019 年，阳光电源正式被认定为第四批国家级工业设计中心。阳光电源致力于新能源电源设备的系统结构设计、热管理设计、仿真分析、造型设计、UX 设计等工作，建设标准化、规范化的设计流程，开展协同创新设计，搭建高效的技术和知识管理平台，开展创新性技术研究。该中心已获得德国红点至尊奖、iF 设计奖和中国红星奖等荣誉 20 多项，累积申请专利 400 多件。此外，阳光电源将产学研用结合，与高等院校合作开展课题，与设计机构开展产品创新设计项目，注重产业交流、开放共享，搭建创新工业设计公共服务平台，助推周边区域及工业设计全行业的发展，推动工业设计与制造业融通发展，为实现"中国创造"的战略转型贡献力量。

绿色革新市场，节能触发效能

2020 年以来，"碳达峰""碳中和"成为社会热词，也对中国家电制造企业提出了挑战。家电制造企业作为碳排放的重点单位、家庭耗能大户，需要思考如何进行绿色变革。

2020 年 11 月，工信部发布《工业产品绿色设计示范企业名单（第二批）》。经省级工信主管部门或中央企业推荐、专家评审等程序，包含长虹在内的 67 家企业栖身榜单。此前，2019 年首批绿色设计示范企业名单和 2019 年"能效之星"产品名录中，长虹的身影已多次出现。

长虹在多年的发展历程中摸索出一条产品"全绿色"产业链，涵盖研发设计、采购、制造、销售到回收的完整生命周期，坚持节能、绿色、低碳、环保、循环的发展思路。

坚持走节能研发的道路

作为国内较早从事绿色供应链管理的制造业企业，长虹在产品研发阶段，坚持走可持续发展路线，致力于功能迭代和节能技术的应用，优先设计研发低耗节能的产品。

长虹控股的美菱冰箱凭借需求导向的设计研发创新，带来了真正的"绿色能效"，引领业内绿色环保风向。独创"0.1 度变频"核心技术，实现冰箱在节能、保鲜、静音和保湿方面的升级，融合变频一体化压缩机驱动技术和冰箱主控技术，保鲜效果提升 38%，比普通冰箱能耗低 30%，1 台节能冰箱比普

通冰箱省电约 100 千瓦时每年！相当于减少二氧化碳排放 100
千克！

绿色采购路线

长虹在生产原材料环节大量使用可回收绿色新材料，电视
机等产品在使用多年报废后还能回收利用。绿色采购路线使长
虹在生产节能和降耗方面取得明显成效。

低碳智能生产制造线

作为目前冰箱制冷无氟压缩机研发和制造的大型企业，长
虹华意搭建了全面且自动化程度高的变频压缩机生产线，其中
的一条生产线实现了 50% 以上"机器代人"工作规模，平均
不到 6 秒即可生产 1 台压缩机，实现了制造环节的智能化、自
动化。

长虹华意通过成本集约、绿色安全的网络协同智能制造新
模式，抢抓技术、提升效率，从产业上游、核心部件等维度推
动产业转型升级。

可循环材料的环保销售

低碳环保风暴已横扫全球，包装领域也在革新。泡沫塑料
制品的发泡工艺在发泡过程中的残留物质会对环境和工人健康
产生不利影响。2002 年，长虹以蜂窝纸板为主要材质进行包装
设计，替代了 EPS（聚苯乙烯泡沫）和木质托盘，逐步形成家
电产品的绿色环保包装解决方案。

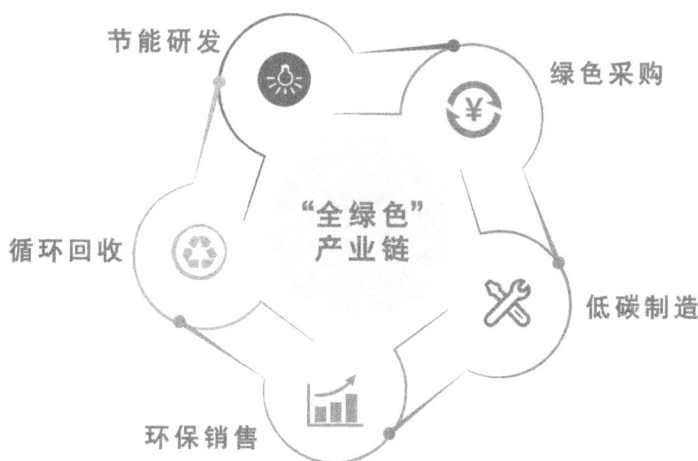

长虹"全绿色"产业链

专项循环回收补贴可持续发展

新思界产业研究中心发布的《2020—2024年中国废弃电器电子回收处理市场可行性研究报告》显示，近年，我国废弃电器电子产品的报废数量和重量呈现逐年增长态势，其中"四机一脑"（电视机、电冰箱、空调、洗衣机、电脑）在2019年报废数量高达1.66亿台，报废重量472.47万吨。当使用年限过后，旧家电既不能安全使用，摆着又占空间，着实成为家庭"大烦恼"。长虹面向消费者推出"真拆换新"活动，鼓励消费者将手中的废旧家电进行折旧估值，旧家电回收成功后可获得长虹相应的专项补贴券。此举不但有利于旧家电的环保再利用，也对长虹的利润增长起到了重要促进作用。

节能研发

长虹作为中国制造业转型的代表之一，拥有领先的能效水平，其在核心技术和产品研发设计领域投入了巨大成本。2016年，长虹产品入选"绿色设计国际大奖"，作为首批单位入选国家能效"领跑者"，入选工信部"能效之星"。对长虹而言，"绿色能效路线"不仅没有带来成本上升的负担，反而兼顾绿色发展的要求，提升了生产线效率，建立了家电行业绿色供应链，引导行业绿色生产和市场消费，形成了智能创新和绿色发展相融相生的发展理念，完成了从"中国制造"到"中国智造"的企业转型。"绿色之路"成为长虹的产品在市场上获得消费者认可的亮点，成为长虹长期发展道路上的动力。

"绿色设计＋科技创新"助力"数字中国"建设

中科曙光是在中国科学院的推动下以国家"863"计划重大科研成果为基础组建的国家高新技术企业。作为中国高性能计算、服务器、云计算、大数据领域的领军企业，中科曙光曾将中国高性能计算机带入全球前三之列。

作为以技术创新为根本的科技企业，中科曙光专注于核心技术研发的同时，将节能环保、降低能耗的绿色设计思维贯彻产品生命线，与用户、合作伙伴共建应用生态、推动产业进步，以"绿色设计＋科技创新"助力"数字中国"建设，驱动经济高质量可持续发展。

  中科曙光的"绿色设计"创新主要体现在：模块化设计，一机多用，避免因需求而重新开模导致的浪费，满足快速拆卸组装的维护需求；材料可回收，包装和70%的部件采用可循环材质，采用80PLUS铂金电源，满足"能效之星"的标准，通过中国节能环保产品认证，倡导绿色环保理念；杜绝浪费，杜绝因成本低廉导致的环境污染和资源浪费；工艺环保，保持本色，尽量避免化学工艺的表面处理；严格管控符合标准认证的供应商；助力客户及合作伙伴完善可持续发展的企业理念；机箱精准分区散热、实时功耗监控和智能温度调节的环保设计，以及离线光通路等技术，不仅使各部件能高效地发挥效能，而且能耗较低；可持续的维护设计，布局机型提供较多可选设计架构方案，具有高度扩展性，利于后期维修护理。

材料可回收
包装和70%的产品部件采用可回收材料设计制作，实现材料循环再利用。

模块化设计
模块化设计，一机多用，避免因需求导致的重新开模。

杜绝浪费
杜绝因成本低廉导致的环境污染和资源浪费。

利于维护
高扩展性，多种布局机型可选设计架构方案。

工艺环保
保持钣金、注塑件本色，尽量避免化学工艺表面处理。

较低能耗
分区散热，智能调节，实现功耗、性能平衡。

严格管控
严选符合环保标准认证的供应商。

可持续发展
助力客户及合作伙伴完善可持续发展的企业理念。

中科曙光的"绿色设计"创新

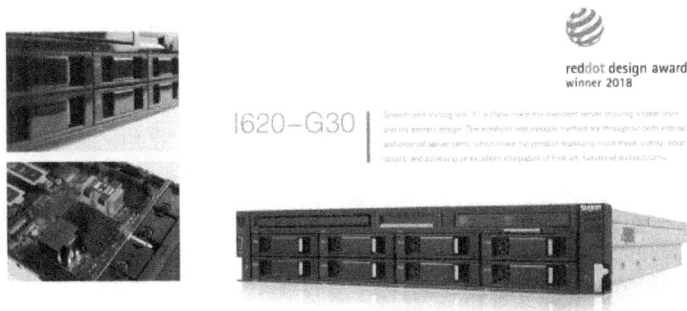

中科曙光自主研制的高端双路机架服务器

"三零"绿色工厂，助推制造"数字化、网络化、智能化"

作为中国最早关注绿色发展路线的车企之一，奇瑞汽车自成立以来就构建了绿色采购、设计、生产、消费的绿色全产业链，建立起新能源整车开发流程和新能源汽车采购、生产、制造、销售体系，面向市场推出了一系列采用环保材料、节能动力、轻量化技术的绿色产品，受到市场广泛认可。2021年，奇瑞以94.21分的"企业绿色发展指数"高分位居汽车行业第二，荣获"2021汽车行业绿色发展指数5A级企业"称号。

2021年，奇瑞依托工业互联网平台，以推进数字化、网络化、智能化进程为目标，建设了一批智能网联"超级工厂"。"超级工厂"以绿色制造、智慧数字化技术为引领，为实现生产品质"零"缺陷、高效制造"零"库存和"零"排放的"三零"绿色工厂。"未来工厂"将进一步加快奇瑞汽车从传统汽车向智能汽车方向发展，助力奇瑞产能、技术水平、制造水平以及企业管理水平提升，进一步完善全价值链汽车产业布局。

"智慧减碳"海尔动向引领行业方向

为实现"碳达峰""碳中和"目标，海尔率先展开行动，牵头发布首个《中国暖通行业2030减碳路线图》，在行业掀起一场关于能源方案的变革。

为减少二氧化碳排放量，海尔通过物联网技术的创新应用，布局智造端、技术端和应用端，成功打造智慧办公、智慧校园、智慧文物保护场景；为降低能源消耗，海尔中央空调推出了低温空气源热泵供暖系列产品，完成中央空调能源煤改电，应用领域涵盖区域能源、生态农业、舒适家居、智慧热水等，从2016年到2020年，平均减少燃烧标准煤306万吨，减排二氧化碳828万吨，减排氮氧化物2.3万吨。海尔走出了一条中国特色的制造业发展之路，为国家节能减排、绿色低碳发展承担了生活责任。

从另一角度看，企业的可持续发展策略能间接促进企业形象提升。如鼓励消费者以旧换新，企业将旧物零件循环再利用。苹果的"Apple Trade In"换购计划也是类似方式，从手机主板、屏幕到一颗小的螺丝等原件都能循环再利用，变成新iPhone的制造原料，这从商业上和公司环保理念上都是一次成功实践。致力于环保事业虽较少能直接为企业带来经济效益，但有助于塑造承担社会责任的企业形象，提高品牌知名度和影响力，将收入流向与环保要求有机统一可为企业带来客观效益，也能间接地带来经济效益，企业做宣传做实事的同时，也履行了环保责任和义务，实现经济效益与环保事业双赢。

第三部分

蓄势·创新设计之略

PART 3

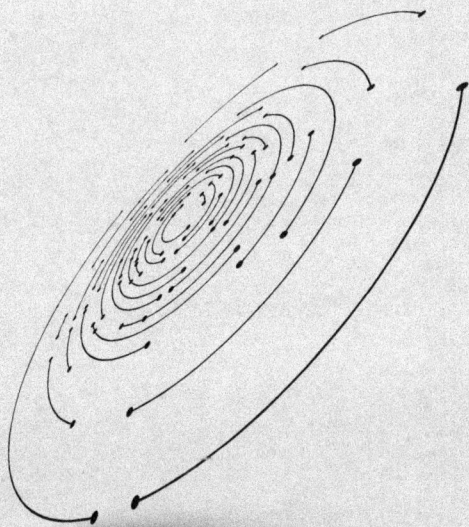

蓄势·创新设计之略，"略"为谋略、方法之意。第三部分针对企业从环境、管理到创新设计等方面的难题总结出方法论，分析企业如何通过模式创新、设计创新保持效益长效提升，如何创造产业新生态，如何有谋略地进行数字化升级。

中国科技进步日新月异，追求科技突破的脚步永不停息。承载着中国人"大飞机梦"的C919大型客机赢得全球首个正式购机合同；北斗卫星全球组网成功，与高德通力合作，进一步造福人类；嫦娥五号成功完成我国首次地外天体采样返回任务；海斗一号实现最大下潜深度10907米，成功坐底马里亚纳海沟，中国无人潜水器取得世界级成果。中国制造业陆续取得喜人成就，标志着中国已经迈入创新型国家行列。

在科技升级和消费习惯飞速变化的全球市场中，企业竞争日趋激烈，新冠肺炎疫情给全球经济造成冲击。大部分国家经济严重萎缩，经济复苏形势严峻，各行各业面临能否在逆境中持续保持增长、能否应对日渐激烈的竞争等内外难题，而这些都对企业管理者提出了更高要求。

第 11 章 | 企业创新设计五问

创新是企业增长的第一动力，也是中国制造业发展的第一驱动力，是建设现代化经济体系的重要战略支撑。2021 年，工信部对创新的投入力度继续加大，引导创立自主品牌，培养原创和知识经济。在正向创新大环境下，各企业应紧紧抓住时代的机遇，逐步实现转型，止步不前、故步自封都将被时代淘汰。

一问：创新设计能为企业带来什么

重视设计驱动创新，以设计为抓手，抓机遇迎挑战

随着全球经济社会发展理念和技术进入新阶段，工业设计得到了广泛重视，成为企业和国家实现经济高质量、可持续发展的重要驱动力。推动"中国制造"向"中国智造"转变，提升中国制造竞争优势，数字是基础，设计是关键，创新是渠道。

新一代信息技术和制造业深度融合，信息化和工业化深度融汇，工业设计深度融入中国长远的经济发展中，设计助力产业不断孕育出新业态、新生产方式和新商业模式。工业设计是国家、企业提升产业价值和创新竞争力的重要途径，是新一轮产业革命的重要引擎。

与过去仅仅依靠技术创新不同，如今在智能互联时代下的创新，需要设计驱动的深度参与，"设计驱动+市场驱动+技术驱动"共同推动社会经济的转型升级。创新设计是推动企业创新的主要力量，可以维护企业的竞争地位，促进企业的成长及发展。而产品设计环节的创新能以最小的成本获得最大的收益。

创新设计有利于推动企业创新，形成核心竞争力

创新文化是企业创新源源不断的动力。设计是企业增品种、提品质、创品牌最直接、最有效、最可行的创新方式。设计，不仅是设计师的专属，也是人类追求美好生活共同的手段，是探索和创新过程中的一种智慧源泉，是人类为了实现社会进步而进行的创造性活动。设计是创新的主要渠道之一，是一个从产品原理、功能、灵感、文化、工艺、结构、技术、用户体验、服务模式、外观造型等诸多方面不断寻求创新的过程。在这个过程中，企业通过赋予产品新概念、新思想、新方法、新技术等为消费者提供更好的服务。创新设计是企业与市场的桥梁，在产出符合市场新需求产品时将市场信息回收反馈，以创新设计促进产品迭代和企业长远发展。

创新设计有利于提升产品口碑和企业形象

好的设计会通过产品的好外观、好质量、好体验使消费者形成对品牌和公司良好的印象，长此以往形成品牌语言。一个产品要消费者买单，必须先获得消费者心理上的认可，精巧的设计、独特的创新点、核心的功能等都可以俘获消费者的心。如今，一个产品既要具有故事感、功能性、实用性，同时还要满足消费者的好奇心，为其提供最佳的使用体验。在这个购买和使用的过程中，消费者所有感受到的愉悦、好奇、新颖都是产品带来的服务，由此形成对这个产品和品牌的印象。

良好、积极、正面的形象是企业非常宝贵的无形资产。对于内部员工而言，可以从中获得更多的自豪感和归属感，并愿意为之付出，为企业更努力工作，同时还能为企业吸引更多人才。对于客户而言，企业有更好的形象和信誉才更具有活力。在如今竞争激烈的市场中，商品的多样性使消费者的选择大大增多，消费需求也越来越个性化和多元化。在消费结构中，生理需求的主导地位逐渐被心理需求取代，消费者的关注点聚焦于产品给人在情感上带来的愉悦感和满足感。良好的企业形象可以增加他们对产品质量的信心，在留住原有消费者的同时吸引更多新客户。产品的好形象树立后还可以促进同品牌其他产品的销售。

创新设计可以促使企业可持续发展，维护企业的行业地位

企业形象的建立非一朝一夕，要获得长期的发展和持续的效益增长，就必须保持源源不断的创新动力。汽水品牌健力宝与故宫博物院联名的"君子之趣罐"和"国色天香罐"是包装设计与国潮文化融合的创新试水；大白兔与气味图书馆联名推出网红"奶糖味"香水；饮料界老玩家娃哈哈的年轻化品牌Kellyone推出0糖气泡水"生气啵啵"迎合当代新消费市场，分走元气森林一杯羹；运动品牌李宁与潮牌设计师签约推出各大国际时装周走秀款服饰，令无数80后、90后感叹"李宁变潮"；沙县小吃推出文艺的升级版装修……离开了创新，没有企业可以一直存活，唯有不停创新，不停探索新产品、新服务和新体验，从产品设计到营销设计不断推陈出新，才能使企业保持竞争力。

创新设计是驱动产业及学术变革的原动力

美国IDEO是全世界知名的设计咨询公司。IDEO的成功离不开设计、技术与商业的平衡。IDEO的咨询工作包括设计调研、交互设计、产品设计、视觉设计、工业设计等。谷歌有谷歌X，微软有微软研究院，亚马逊有Lab126，凡是行业里做到巨头的企业均成立了专门的产品创新实验室。国内的很多大型企业也很重视创新设计，配套专门的工业设计团队研发产品，如华为工业设计中心、阿里云设计中心、科大讯飞硬件中心工业

设计团队、长城汽车造型中心、美的集团工业设计中心等，以上设计中心在 2021 年世界工业设计大会（WIDC）期间均入选"2021 十佳企业设计中心"。

中国各省市也着手为企业、行业创新布局发力，积极为创新设计和产品孵化搭建平台。为推动工业设计创新发展，工信部于 2013 年至今共评定 299 个国家级工业设计中心，范围覆盖 25 个省市，包括 266 个企业工业设计中心和 33 家工业设计企业。其中，广东省 37 家，浙江省 32 家，福建省 25 家，江苏省 24 家，山东省最多，已培育 44 家国家级工业设计中心，居全国首位。山东烟台承办了第三、四、五届世界工业设计大会，正因工业设计而被世界注目，释放无限潜力。重视工业设计不但有利于企业和各省市传统制造业和现代科技的深度融合，强化工业设计创新能力，还能提升一个城市的现代化水平和人们的生活水平。

创新不仅是企业活力的来源，也是促进学术界变革的手段。为孕育出好设计，许多高校成立了"创新设计孵化空间"。国外有麻省理工学院媒体实验室（The MIT Media Lab）和哈佛大学创新实验室（Harvard Innovation Lab）等。国内有同济大学设计创意学院和特赞信息科技联合成立的设计人工智能实验室（Design A.I. Lab）；清华大学有未来实验室；浙江大学有工业设计工程中心（IDE Center）以及智能、设计、体验与审美实验室（IDEA Lab），科技设计创新创业实验室（Next Lab）；上海交通大学有创新设计中心（ICID-SJTU）；江南大学有产品创意与文化研究中心等。各高校积极搭建平台培养人才，鼓励设计学科和交叉学科的创新探索。

创新设计促进产品销售和企业利润的增长

创新设计能以最小的成本带来最大的收益。创新的类型有产品、元件、工艺、服务等，产品和元件可以从外观、功能、文化等进行设计重构，服务则包含产品服务设计、商业模式、用户体验等创新。好的设计不但为企业节约产品生产制造的成本，还能提高产品的附加价值。

不断开发新产品是企业提高竞争力的核心，也是企业生存的重要法则。当代企业身处市场经济的残酷竞争环境中，若想长期发展，就必须与时俱进，不断优化旧产品、开发新产品。设计的核心是创新，一个好的产品仅仅拥有美观度还不够，须从产品的使用方式、制作材料、生产工序、组装方式、用户体验、服务体验等多个方面不断创新增值，使消费者在体验产品的过程中感到更舒适、安全、方便、高效、人性化、友好。好的使用体验能使产品卖出更好的价格，达到更高的销量，最终为企业带来利润增长。

创新设计是企业持续健康发展的原动力。以设计服务驱动企业增长的莫过于设计咨询公司，设计咨询公司依靠设计服务在市场竞争中获得一席之地。著名的设计咨询公司如Frog（青

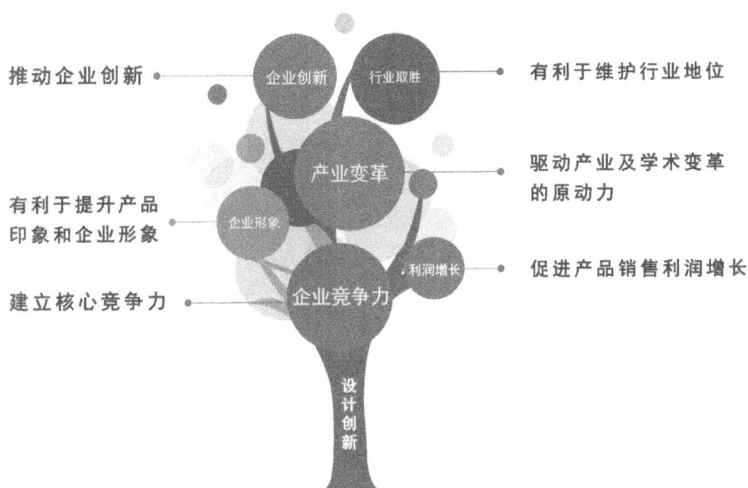

创新设计能为企业带来的红利

蛙）、Holy（荷勒）、IDEO（艾迪伊欧）、ARK创新咨询等都依靠提供设计咨询服务获得长期利润增长。但中国目前仍有部分企业未将创新设计提升到企业战略层面，尤其是很多小微企业由于商业模式、人力成本、销售模式等倾向于投入更多成本在产品的营销推广环节，不够重视产品的设计创新和用户体验，甚至未建立专门的设计部门。创新设计是小微企业转型升级的重要助推手段之一，处于初级阶段的小微企业应系统地建立科学的设计创新战略体系，以最大限度发挥设计潜力，实现长足发展。

创新设计不仅单指外观，更多要看到它所涉及的产品策略、品牌层面以及为企业、社会、国家带来的价值。任 品的设计创新摆在核心战略位置整合驱动，才能在激烈的市场竞争中生存、发展和壮大。

二问：面对创新设计升级，企业管理者如何行动

随着"十四五"规划的实施，人工智能、云原生、数字孪生、6G、物联网等技术助推中国数字化经济布局逐渐成熟，中国工业互联网产业体系已经形成，工业、互联网、信息通信相关企业以及社会组织、高校及科研院所正共同探索数智时代的创新模式，以智能化生产、网络化协同、个性化定制、服务化延伸为目标开辟新业态、新模式。随着工业 4.0 时代的到来和工业电商平台的快速崛起，传统的制造企业管理者应牢牢把握新一轮科技革命和产业变革趋势，借助先进技术和设计创新战略，激发企业活力和创造力，实现转型升级，占据市场制高点。

转换思维

当下企业正面临行业和技术的快速转换风口，比起改变创新模式，更重要的是转变思维。企业面临的最大挑战是市场环境变化太迅速，技术创新层出不穷，消费者观念日新月异，整体的市场和外部环境不稳定，但当下也是一个充满机会的时代。

管理者的思维创新要行在企业模式转换前。过去十年，中国企业界的高管多数出生于 20 世纪 60—70 年代，他们的优势在于多年来积累了较为丰富的经营和管理经验，能吃苦耐劳、坚持不懈。如今，纵观福布斯榜，越来越多的 85 后、90 后创

始人和领导者出现在榜单上。他们被称为中国的"千禧一代"，他们是观念新、思想活、敢想也敢闯、敢于挑战的一代。面对新变化、新形势、新发展以及不断更新的商业竞争，他们是未来时代的主力军，未来的商战世界必将属于"千禧一代"甚至"Z世代"！思维创新和年龄无关，只要领导者和管理决策者思维转变，企业的转型就已迈进了新时代的大门。要打开市场，原创思维行不通，可以逆向思维，逆向思维行不通，可以集成思维。别人有核心技术搞高精尖研发，暂无成本投资核心技术可以搞商业模式、搞营销，可以搞集成，或者可以运用群智搞众创等，利用碎片化思维、移动化思维、极致化思维和体验化思维，汇聚百家优点，转变思路，另辟蹊径，避免"毛毛虫效应"，避免故步自封。俗语道："没有落后的企业，只有僵化的思维。"

与时俱进

企业创新最重要的是调整步伐与时俱进。2021年3月，《财富》杂志发布的中国50位商界领袖榜单，字节跳动的创始人兼全球首席执行官张一鸣实力登顶。2016年9月上线的抖音在2021年日活跃用户数已破6亿，抖音已真正成为一款国民级APP。

抖音的成功在于抓住了时下最新、最准的需求——短平快的生活节奏、碎片化的闲暇时间以及超简洁易用的用户体验交互方式，从而在一众短视频APP中脱颖而出。技术、需求、消费或者社会和经济变革很快，看看世界即将发生什么，行业在干什么，抓紧市场未来的新动向，才能在变革中不被淘汰。

商业创新

商业模式包括盈利模式、推广模式、用户模式、产品模式等方面，各个方面在企业长足可持续发展的进程中不可或缺。商业模式创新属于企业和产品的顶层战略设计，决定了企业的价值空间和价值创造效率。优秀的商业模式包含了系统化的商业模式设计思维，有助于指导企业进行品牌精准定位，还能对产品创新设计提出与之适应匹配的商业模式。出色的商业模式为企业带来了用户和盈利，如为拼多多极速扩张市场打下基础的"社交砍价"模式，优步、滴滴的共享经济模式，以及阿里巴巴、二手车、贝壳的"平台""中间商"模式。他们并非都拥有核心技术或产品，但依靠商业模式创新也能获得成功，这就是商业策略的威力。

设计创新

设计创新是企业保持源源不竭创新力的核心动力，只有在产品的设计、研发、营销、服务等环节开展设计创新，才能助推企业转型升级。开展设计创新是一种以最小成本投资获得最大报酬的企业增值途径。尤其对很多小微企业来说，研发关键技术周期长、耗资大，短时间内并不能获得利润，设计上的小小创新却能使产品很快获得市场和销售盈利。

企业设计创新转型升级方法论

当代的设计已非以功能性为主的设计1.0，而是兼具美观性、易用性的服务体验创新。现代企业的竞争已经从传统的"产品竞争""品牌竞争"逐步转向"服务竞争"，因而应注重开展用户体验设计创新。

现在企业的营销策略、盈利模式也发生了变化。苹果和星巴克不仅是卖产品，用户称道更多的是产品所带来的"口味、包装、服务、品牌、体验"等综合感受。要重视产品设计环节，聘用产品设计顾问为产品的总目标定位，推动"产品设计创新"向"整合创新设计"发展，推动设计师向"设计管理者""设计企业家"升级，推动管理者成为"懂设计的管理者"。

三问：产品链上的不同角色如何分工

产品链上的不同岗位和角色应该如何创新是一个复杂的问题。不同行业和不同企业情况不尽相同，用互联网产品举例，在企业中，一个互联网产品完整的产品生产链大致包括如下环节：需求挖掘—产品定义—产品设计—产品开发—测试优化—

正式发布。这些环节由项目经理或产品经理、用户研究员、交互及视觉设计师、程序开发者，以及产品营销者和运营者等负责不同阶段。

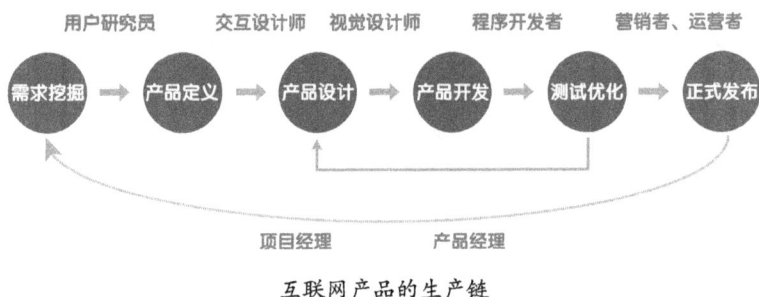

互联网产品的生产链

项目经理主要负责项目的综合管理，如管理项目上线周期、项目进度、资源或人员调配和相应产品开发的推动等；产品经理根据用户需求，规划研发何种产品，选择何种业务、商业模式等；用户研究员主要负责了解用户的心理诉求、使用场景、使用习惯以及用户如何与系统进行交互并形成需求等；交互设计师和视觉设计师根据产品需求对产品进行功能、界面、交互、视觉等设计；程序开发者负责项目的具体程序开发及后期维护的工作；产品营销者、运营者负责完成销售绩效、激励规则等市场目标和后期客户管理等工作。

项目经理

项目经理是一个偏"主内"的角色，更多关注项目的进度和质量。项目经理在创新项目开展过程中除须具备很强的项目管理和推动能力，还有一个重要作用，就是利用自身的领导力影响并塑造整个团队的创新创造氛围。因此，项目经理需要拥有企业家般的开拓精神、革新精神、协作精神、管理精神，甚至是勇于承担风险的奉献精神。

产品经理

产品经理面对复杂的互联网产品开发工作，需要拥有领导维度、创新维度、市场维度的能力。

产品经理不仅是一个产品团队的推动者，更应该是一个优秀的行业观察者、产品变革者。其实，产品经理是互联网行业中离产品最近的角色，某种意义上来说，产品经理是整个产品团队中的"交通枢纽"。在不同的时期都会有不同的产品形态涌现，例如微信就是在QQ已成为中国社交领域当之无愧的王牌产品后出现的新产品形态，微博作为新产品一举颠覆了传统博客，快手、抖音则是在微博如日中天之时出现的革新性产品，并以一己之力拉动整个电商的发展。因此，理解产品未来的新形态并洞察社会需求、保持创新的能力非常重要，而这就是产品经理的工作之一。

用户研究员

用户研究员处于产品诞生前期的一个重要环节。在互联网领域，用户研究员一般由设计专业或心理学相关专业的人员担任，须具备敏锐的用户洞察力、较好的沟通表达能力和数据统计的能力。

　　用户研究员的工作主要集中在两方面：一是对于团队开发的新产品，用户研究员须帮助整个产品设计团队提前明确产品的最终功能目标，也就是提出用户的全部需求点，帮助团队确定产品设计及开发的主方向；二是对于开发中及已开发完成的产品，用户研究员须进行详细的设计走查工作，也就是需求迭代工作，如帮助交互设计师优化产品使用体验。因此，用户研究员在此阶段的工作会和交互设计联系紧密，部分公司会将用户研究员和交互设计师两个岗位合并。在部分中大型企业，用户研究员除完成用户调研、整理产品需求，还会在现有的产品案例基础上提出一些创新性的新模式，这种新模式可能由于技术或者商业模式的问题暂时还没有实现，但却是用户潜在的需求。

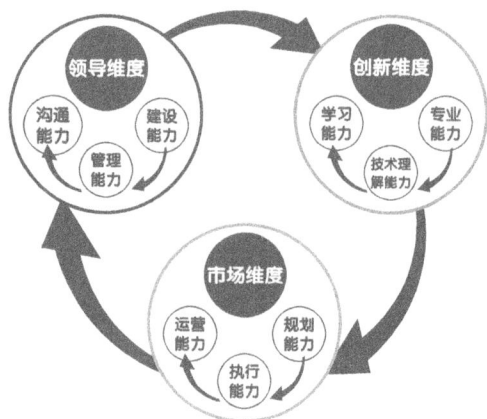

产品经理的创新能力三维度

用户研究员所从事的工作内容对设计团队开发新产品非常有帮助。促使团队在真正了解用户需求的基础上，高效利用资源进行设计开发，创造更贴近用户需求的好产品；用户研究员是实现"以人为本的设计"的重要推动者，可以说是离用户最近的人，从用户出发到为用户服务，设计的各个阶段都离不开用户研究员的身影。

交互设计师与视觉设计师

在产品诞生的周期中，设计师在项目中担任了"承上启下"的角色。"承上"表示设计师要根据产品需求设计出后续开发的功能，"启下"表示设计师须完成最具挑战性的设计工作，并按产品需求不断打磨和迭代，以顺利交付给程序开发者完成产品开发工作。

"交互"指产品与用户之间的交流和互动过程。用户是主体，是交互过程的核心，需要秉承"以用户为中心"的理念。交互设计起源于人机交互领域，电子计算机、软件技术和物联网的兴起促进了交互设计的诞生。具体来讲，交互设计师在企业中主要负责产品需求制定、功能设计、原型产出等，并应用思维导图、交互流程、演示模型等设计方法去完成整个系统的设计工作。交互设计师主要的工作内容包括完成低保真的产品界面交互原型图、界面之间跳转的流程图、初级线框图等设计，并保障设计原型的可用性、易用性、友好性；分析产品的商业需求和交互稿落地的现实性，整体给出产品层面和后续开发层面都满意的设计方案；通过交互设计去解决、优化用户反馈的界面或流程问题，贯彻"以用户为中心"的原则，最终实现提升产品的商业价值、使用操作便捷性、高效性和用户满意度等目标。

视觉设计师是为商业价值及产品进行艺术设计创造的职位。视觉设计的广义类别包括标志设计、广告设计、产品包装设计、形象设计、软件界面设计等，这里主要指互联网产品的界面设计，也称 UI 设计。视觉设计虽源自艺术，却不能完全等同于艺术创作。艺术是主观感受的自我表达，相比艺术创作的主观性，视觉创新设计更关注多方利益，在美观、实用和商业价值上寻找平衡点。视觉设计师是产品、品牌、企业与艺术、用户的桥梁，是打通五方协调的重要枢纽。视觉设计师除学习软件的手上功夫外，提升审美品位和视觉设计创新力以及制订长远的规划也很重要。生活中美的东西很多，如巍峨的长城、辉煌的故宫、古老的敦煌壁画、精致的剪纸和风筝、逼真的皮影和泥人等传统元素。视觉设计师应不断提升审美品位，提炼生活中美的一面，善于将生活中的美和文化汲取、提炼、运用、融入作品，形成兼具底蕴和风格的产品。

优秀的交互设计师和视觉设计师应当具备的创新能力可总结为"6 个力"：专业力、思考力、学习力、管理力、沟通力、执行力。

优秀的交互设计师和视觉设计师应具备的创新能力

从传统的工业设计到未来的数字智能设计，设计师是很重要的角色，在新科技的不断"发酵"下，在全球化日益激烈的市场中，设计师通过设计创新提升产品质量、提升企业价值、促进产业升级，从而服务国家战略。

程序开发者

程序开发者又被称为程序员，是从事程序开发、程序维护的技术型工作人员。在实际的程序开发过程中，程序开发者具有6点工作目标和内容：参与前期需求调研和项目可行性分析的相关工作；与产品经理一起同客户进行产品功能的二次沟通；与交互设计师、用户研究员对接工作内容，以用户需求为纲，以设计定义为尺，进行实际开发；向产品经理及时反馈开发进度，并就实际开发过程中遇到的问题提出解决的建议方案；负责相关技术文件的制定工作；开发后期的持续维护任务。

部分观点认为，程序开发者是一个互联网产品末端工作的承担者，可发挥的创新性空间不大。其实不然，程序的设计和实现过程需要非常严谨的逻辑思维投入，程序员所拥有的核心技术和创新能力绝对是无法替代的，程序员是整个产品开发环节中的中流砥柱，是真正的产品"攻城狮"。

产品营销者与运营者

产品营销者和运营者的工作一般在产品程序开发完成后，在产品设计开发的周期上属于末端工作。在产品最终接触用户前的阶段，部分企业的产品运营者也担任一部分项目经理的角色，负责协调管控产品上线进度。

产品营销发生在产品上线之后，是一种让用户了解产品并选购产品的手段。作为营销人员，需要准确辨识营销机遇，根据营销的实际环境，用一定程度上跳脱用户心理预期的营销手段为产品进行"因地制宜"的宣传。一个优秀的营销者还应培养高效、独立完成策划设计任务的能力，并具备形成自身经验积累的意识。

优秀的运营者须具备一定的数据分析能力，充分了解有关的核心数据及指标的含义，能够独立对运营数据进行分析，并给出数据可视化的报告。在深刻理解运营数据及指标的作用、内涵和外延的基础上，能对数据进行深度挖掘，找到非正常的原因或不易识别的规律。营销者往往更多注重产品的推广与传播，以及产品与用户的真正触达率，而运营者更需要关注整个产品的体系以及产品与用户之间发生的动态关系，并合理高效地维系产品与用户，减少用户流失。

四问：如何有效进行设计管理

企业在进行基础技术与创新设计发展的实践中，应构建设计管理和设计实践融合的战略模式。设计管理是以用户为中心，将产品、环境、人员等资源进行配置，有组织地开展设计计划、控制和协调。

中国日益增长的消费需求已呈现多元化趋势，企业须不断进行新产品开发。设计管理是现代企业管理的重要一环，也是项目管理的重要学问，好的设计离不开管理支撑，其发展关系着团队工业设计水平的进步。从国家宏观层面来讲，设计管理将管理和设计战略融合，有助于技术创新商业模式、教育模式等创新政策的实施，推动产品服务系统对文化的传承和行业的可持续发展，有利于国家生产力发展。设计管理是设计目的实现的需要，也是企业顶层战略管理的需要。从企业视角看，设计管理有助于企业资源优化配置，帮助产品开发设计创新和提高效率，其核心是将设计创新与产品、设计师和企业管理融合。对正处于转型期的企业来说，制定设计管理战略具有很强的现实意义，对设计师和独立的设计机构制定设计目标也有很强的指导作用。德国汽车品牌奔驰从用户研究到设计、制造的每个环节都有严格的管理目标策略，最终产出高品质的产品，受到市场青睐。

设计管理创新应从企业顶层战略管理、设计目标管理、设计程序管理、设计效率管理、设计质量管理、知识产权管理、设计价值研究等维度开展，将产品、界面、环境、人员等进行优化，有组织地开展设计项目计划、节点控制和人员协调。

企业的发展是长期和不断调整更新的，设计管理首要是制定符合企业发展战略的设计目标，还包括项目的具体目标，如产品定位、竞争目标、目标市场等。设计程序是保证在设计流程运行的过程中，进行监督和管控，并协调各部门关系，使产品的研发、设计、生产制作、规模、技术都有节奏和有步调地进行，且符合市场、消费者的需求；此外，在产品的开发过程中，每个岗位不同职责的人员都基于各自专业的眼光和立场去看待需求和产品，制定统一协调的标准，使设计符合既定目标而得以顺利完成。设计实效是设计工作基于产品上市或上线的时间线管理成效标准。设计工作包括工作效率、设计沟通及设计开展进度，这些都要符合项目的计划周期目标，保障设计过程高效顺畅。产品的设计质量关乎企业的品牌形象和可持续发展，因此，保证设计和生产的质量是设计管理的重要环节。随着"中国制造"向"中国智造"的转型，知识经济时代的到来使企业研发的知识产权具有重要价值，企业应在设计管理的过程中加强知识产权的法律保护，建立一套完整的设计资源管理办法。设计价值应符合企业最终的品牌定位及社会的积极价值观，为设计师和设计团队建立一套正确的职业价值观。

通过一定的组织、计划和协调对设计目标、设计程序、知识产权、设计质量等方面进行管理策略创新，使设计流程科学系统地进行，符合企业的总规划方向、形象战略、盈利目标，从而实现资源最大优化与整合，避免资源浪费。转型中的企业，尤其是小微企业，更应建立自己的设计管理体系。对小微企业来讲，比起核心技术创新，设计创新是一种执行性和落地性更强的创新模式，从设计管理角度出发，运用设计创新策略来提升企业核心竞争力，实现可持续发展。

设计管理图谱

五问：如何分配设计师利益

2019 年，全球知名设计平台 Dribbble 发布《2019 年全球设计师调查报告》。调查对象涵盖全球 17000 位以上的设计师及设计从业人士，调查人口占比分布为亚洲 32%、欧洲 28% 和北美 24%。

从调查数据来看，在 2019 年的美国，产品设计师和用户体验设计师年均薪酬为 75000 美元，平面设计师年均薪酬为 53000 美元。这个收入数据还算乐观。但放眼全球，综合各个地区的薪酬水平来看，数据展现了收入差距较大的现状，较大一部分设计师年均薪水在 20000 美元（人民币约 14 万元）以下，这一占比达 37.6%。

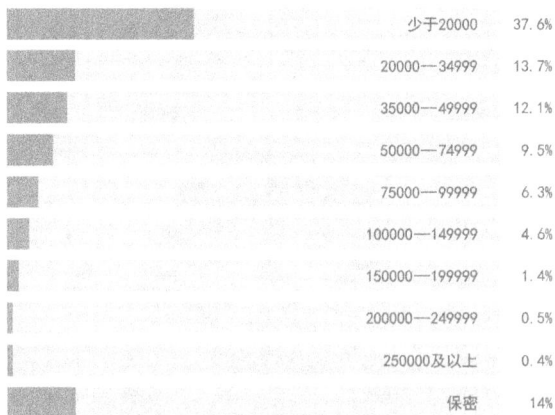

区间	占比
少于20000	37.6%
20000—34999	13.7%
35000—49999	12.1%
50000—74999	9.5%
75000—99999	6.3%
100000—149999	4.6%
150000—199999	1.4%
200000—249999	0.5%
250000及以上	0.4%
保密	14%

2019 年美国设计师行业年均薪资情况（单位：美元）（数据来源：Dribbble）

从全球总体来看，设计师行业待遇存在一些明显特点，如收入差距过大、就业区域特征明显、薪酬构成体系不同、分配不合理等。

2016 年，特赞在中国也做过一次设计师薪酬小调查，调查对象多为平面设计师、UI设计师、用户体验设计师、交互设计师和品牌设计师。薪资水平具有明显的地域差距特点：

广州、深圳：10000元/月（平均工作3年）；

上海：14000元/月（平均工作4年）；

江浙：14600元/月（平均工作3年）；

北京：15000元/月（平均工作4—5年）。

在国内，工业设计作为与制造业密切相关的行业，就业区域化特征明显。从一线沿海城市到内陆二、三线城市，设计师的薪资水平呈现递减曲线，如北京可以拿到15000元的月薪，但到中西部城市可能会缩水变7000元，造成这种情况的原因有很多，如城市发展程度、消费水平、当地平均工资水平和制造业发展程度等。

工业设计师的薪酬构成体系大不相同。拿设计公司和大型企业举个例子。很多设计公司采取底薪+提成的模式，获得的项目越多，设计师收入越高；反之，可能只能拿到每月3000元至5000元的底薪。大企业采取"定薪+年终奖"的形式，较大型的企业可能给10000元以上的月薪和2—3个月的年终奖，尤其在互联网、汽车等行业，年终奖较为可观，能发6—8个月不等，甚至更多。不同的薪酬构成体系制度也导致设计师的收入差距很大。

特赞2016年的薪资调查报告中还有一项数据：

工作1年及以下（含实习）：月薪平均7100元；

2—5 年：月薪平均 12000 元；

6 年及以上：月薪平均 21000 元。

职友集 2021 年的一项设计师薪资调查数据显示，全国 UI 设计师行业的月平均工资过万。

初级 UI 设计师平均月薪：4500—10000 元（约占 40.3%）；

中级 UI 设计师平均月薪：10000 元—15000 元（约占 28.3%）；

高级 UI 设计师平均月薪：15000 元—20000 元（约占 14%）；

设计管理层或有丰富的大厂经验的设计师平均月薪：20000 元以上（约占 14.1%）。

综合数据表明，设计师群体有收入非常高的人才，但是只有很少的顶尖人才能拥有极高的薪资和声望，80% 以上的设计师都属于中等及以下收入人群。

归根究底，设计师的收入也取决于自身的专业能力水平。同样在某个城市从事工业设计工作的员工也可能有较大差距。如在深圳，创业公司为吸纳人才，高级设计师能给 25000—35000 元的月薪，也有不少公司以 8000 元的薪水招聘基层设计师。因此，不能盲目断定设计是高薪行业，也不能简单地说设计岗位收入低，设计师的收入最根本仍取决于个人能力和工作经验的附加值。

一般企业的分配模式可以遵循以下原则。

以专业方向为主按比例划分。这一制度的核心内容是基于设计师在团队项目中的工作内容和工作量。企业可参考工作经验增值按比例划分，建立员工数据库，按照项目类型、参与阶段、专业方向、职业技能级别等维度采用大数据统计并细分，在保证公平公正合理的情况下，按薪资成本总比例划分待遇。

按工时制度综合评价绩效。工时制度也是很多外企采用的薪酬划分方式，年薪或月薪本质上也是工时制。设计师每月报告工作时间并进行综合绩效评价，按工时测算工作效率。业务不熟练等造成的工时过多实际上是一种工作效率低下的表现，所以该原则实际是测算工时＋效率的绩效评价机制。

增设机动调节，多方面考核。薪资待遇模式随公司对人才的需求不断调整，如设置年终考核奖金调节机制，针对本年度的一些项目分块进行综合调整，尽可能使得大多数人认同。

设计师的收入水平关系着设计行业的未来，保持自身竞争力持续提升是社会向前发展的必然结果。

相对来说，人工智能等科技飞速发展对设计师的冲击比其他岗位略大。设计行业变化趋势很快，鹿班、ARKie、Logojoy的设计效率比设计师高很多，且美观度很好。未来的设计师在岗位上可能会细化或拓展出多种可能性，如用户体验模拟设计师、全链路设计师、增强现实设计师、设计指导、数字孪生交互设计师、虚拟特效视觉设计师、智能系统设计师、机器学习设计师、3D特效设计师、多模态体验设计师、数智设计师等。

面对科技带来的行业挑战，设计师须不断学习，完善职业规划，提升自己的核心竞争力。

从业后的设计师应丰富学习的渠道，多增加自身的见闻和技能，如参与一些设计行业组织机构和社会团体的活动，与同行业、跨学科的人多交流，了解行业，提升行业洞察力；参与专业活动，进行专业能力延展深造，如参与行业交流奖项、校企交流活动、社会技能培训等；最后一点，专业力永远是设计师的根基，专业能力需要不断学习、打磨，使得核心竞争力不断增强。同时，设计师需要提升知识产权保护意识。注重知识产权的保护对自身和行业都有正向的作用，一方面保护自己作品的知识产权，另一方面也尊重别人的原创，共同推进设计行业的发展。

结　语

设计发展源远流长，创新之路任重道远。

随着工业 4.0 的不断推进，"设计 4.0"已拉开帷幕。物联网、大数据、数字孪生、AR、VR 等技术变革拓展了人类空间。在四元空间下，企业从传统的工业制造向未来的数字智能转型已经迫在眉睫，企业应在数字经济的机遇下把握数字经济发展趋势和规律，积极拥抱数字化改革，在全球化日益激烈的市场中加快升级，将数字经济与实体经济深度融合，不断壮大经济新引擎，全面提升实体经济的质量、效益和竞争力，成为行业和国家的领军企业，赋能构建产业新发展格局，为推动建设现代化经济体系助力！

创新为先，设计为径。在四元空间中，人工智能、大数据、数字孪生等技术将现实生活与虚拟世界无缝衔接，设计 4.0 的创新范式应以人为本，以用户为中心，以市场为导向，以设计为牵引，以技术为支撑，以产品为媒介，既满足人们对美好生活的向往和追求，又推动设计方式的革新和发展。

设计师的工作可以改变行业，将产品设计创新融入技术、商业、管理、研究、营销等环节，把创新设计作为建立好产品、好系统、好服务、好商业等体验的关键手段，发挥设计的强大动能对产品进行创新，探求"科技之真，人文之善，艺术之美"，为企业增值，为国家争光！

通过创新设计服务国家战略，推动产业升级，创造美好生活，自主创新创业，促进制造业发展，增强综合国力，坚定文化自信。

产业为基，设计为民！

参考文献

Li L. China's Manufacturing Locus in 2025: With a Comparison of "Made-in-China 2025" and "Industry 4.0" ［J］. Technological Forecasting and Social Change, 2018: 66-74.

Sääksjärvi M, Hellén K. How Designers and Marketers Can Work Together to Support Consumers' Happiness ［J］. International Journal of Design, 2013, 7（3）: 33-44.

Sun M. The Investigation of Development Design Base on the Recent Significance of Traditional Culture in China ［D］. Shanghai: Donghua University, 2010.

白帆. 企业变革与企业文化管理［J］. 现代商业, 2019（32）: 29-31.

包永强. 浅谈设计管理［J］. 中国化工贸易, 2011（11）:

48–49.

北京工业设计促进中心. 中国设计产业发展报告（2019—2020）［M］. 北京：社会科学文献出版社，2020.

边缘. 腾讯是怎样通过创新一步步登上王者之位的？人人都是产品经理［EB/OL］.（2014-05-13）［2022-01-01］. http://www.woshipm.com/pmd/84539.html.

蔡军，陈旭. 现状、特征与展望：对中国企业设计管理模式的思考［J］. 装饰，2014（4）：21-26.

蔡赟，康佳美，王子娟. 用户体验设计指南：从方法论到产品设计实践［M］. 北京：电子工业出版社，2019.

陈川，陈岳飞，曾麟，等. 数字孪生在智能制造领域的应用及研究进展［J］. 计量科学与技术，2020（12）：20-25.

陈汉林，朱行. 美国"再工业化"对中国制造业发展的挑战及对策［J］. 经济学家，2016（12）：37-44.

陈佳，孔令瑶. 德国高技术战略的制定实施过程及启示［J］. 全球科技经济瞭望，2019，34（3）：40-45+53.

陈劲，侯英梁. 重思开放式创新［J］. 清华管理评论，2015（Z2）：74-79.

陈劲，杨文池，于飞. 数字化转型中的生态协同创新战略：基于华为企业业务集团（EBG）中国区的战略研讨［J］. 清华管理评论，2019（6）：22-26.

陈劲. 数字转型、融通创新［J］. 清华管理评论，2020

（4）：1.

陈娟，吕波.连锁经营数智化转型的路径选择与实践创新：第十届中国商贸流通企业发展论坛暨数智化连锁经营高峰会观点综述［J］.中国流通经济，2021，35（1）：113-128.

陈琪.企业环保投资与经济绩效：基于企业异质性视角［J］.华东经济管理，2019，33（7）：158-168.

成生辉.元宇宙：概念、技术及生态［M］.北京：机械工业出版社，2022.

程维，柳青.滴滴：分享经济改变中国［J］.中外管理，2016（7）：126.

春军.浅析美国加紧重振制造业对我国的影响［J］.工程机械，2012，43（11）：91-93.

崔宴宾.基于马斯洛需求层次的用户价值要素体系构建［J］.大众文艺，2014（22）：65.

丁纯，李君扬.德国"工业4.0"：内容、动因与前景及其启示［J］.德国研究，2014，29（4）：49-66+126.

董书礼.美国制造业：在创新中调整和发展［J］.求是，2006（23）：59-61.

杜庆昊.关于建设数字经济强国的思考［J］.行政管理改革，2018（5）：6.

段向军，舒平生."中国制造2025"背景下高职人才培养研究［J］.继续教育研究，2017（6）：62-65.

樊留群，丁凯，刘广杰．智能制造中的数字孪生技术［J］．制造技术与机床，2019（7）：61-66.

方晓霞，杨丹辉，李晓华．日本应对工业 4.0 之策［J］．企业研究，2015（12）：62-68.

付思敏，范旭辉．数字化驱动"智造"升级：徐工智能制造创新与实践［J］．中国工业和信息化，2020（Z1）：58-65.

高丽芳，王德显．美国先进制造伙伴战略和《中国制造 2025》比较［J］．濮阳职业技术学院学报，2016，29（6）：71-74.

高丽梅．干部管理在人力资源配置中的重要性分析［J］．现代企业，2021（10）：34-35.

郜小平．没有完整制造业体系的荷兰，何以诞生光刻机霸主？［EB/OL］.（2020-07-19）［2022-01-01］. https://static.nfapp.southcn.com/content/202007/19/c3786106.html.

葛冬冬．"智能＋"：为制造业转型升级赋能［J］．人民论坛，2019（33）：66-68.

顾紫明．传统文化在企业管理中运用价值的实证研究：基于文化与制度关系的视角［D］.北京：中国人民大学，2011.

国务院印发《中国制造 2025》［J］．设计，2015（12）：139-140.

何晶．5G 时代移动通信技术发展进程研究［J］．中国新通信，2020，22（8）：36-38.

贾江涛. 动车所一体化检修作业安全风险管理研究［D］. 成都: 西南交通大学, 2017.

江宜海. RD品牌手表营销策略研究［D］. 成都: 电子科技大学, 2009.

蒋建科. 中国国际专利申请量跃居世界第一 每万人口达到 13.3 件［EB/OL］.（2020-04-24）［2022-01-01］.https://china. huanqiu.com/article/3xxer1cQy1Q.

康文科, 崔新. 浅谈设计管理对企业的重要性［J］. 西北工业大学学报（社会科学版）, 2001（1）: 52-53.

雷科技. 海尔空气产业: 创新技术驱动行业领先, 加码碳中 和［EB/OL］.（2021-12-22）［2022-01-01］. https://www. flipboard.cn/articles/https%3A%2F%2Fwww%2Eleikeji%2Ecom%2F article%2F44864?section_id=&id=flipboard-RGEpHQqSTo6CGNny HOBuVA:a:7000000201-1640179420.

李国杰, 程学旗. 大数据研究: 未来科技及经济社会发展的重大战略领域: 大数据的研究现状与科学思考［J］. 中国科学院院刊, 2012, 27（6）: 647-657.

李娟伟, 任保平. 中国经济增长新动力: 是传统文化还是商业精神？: 基于文化资本视角的理论与实证研究［J］. 经济科学, 2013（4）: 5-15.

李淼. 创新设计知识服务系统之商业构成库的设计［D］. 杭州: 浙江大学, 2016.

李秀珍，屈锋，庞思平.专利文献在研究型大学中的应用价值［J］.北京理工大学学报（社会科学版），2009，11（2）：114–117.

林振强.绿色包装进行时［J］.物流技术与应用，2018，23（6）：86–88.

刘博夫，程佳佳.中国新能源汽车发展前景探析［J］.神州，2020（3）：259–260.

刘宁.面向智能互联时代的中国工业设计发展战略和路径研究［D］.南京：南京艺术学院，2021.

刘晓午.企鹅帝国创新十五年［J］.上海信息化，2014（3）：5.

刘雅丽.略论"和谐"观念在良渚文化造物之美中的体现［J］.艺术与设计（理论），2021，2（8）：128–131.

刘再行.基于交互设计本质的专业人才培养：评《交互思维：详解交互设计师技能树》［J］.中国教育学刊，2020（8）：149.

刘朝霞.第四消费时代的现代性反叛与田园想象：以李子柒海外走红为案例的分析［J］.现代传播，2020，42（9）：60–67.

龙昊.对银行系电商发展的思考：由黄峥身家超越马云想到的［J］.中国信用卡，2020（7）：3.

路甬祥.设计的进化与价值［J］.中国工程科学，2017，19（3）：1–5.

吕国梁.探讨工业设计管理的新模式［J］.价值工程，2012，31（13）：97.

吕铁，刘丹.清醒认识我国制造业发展的短板与严峻考验［J］.智慧中国，2019（6）：53–56.

罗仕鉴，房聪，单萍.群智创新时代的四维智能创意设计体系［J］.设计艺术研究，2021，11（1）：1–5+14.

罗仕鉴，林欢，边泽.产品仿生设计［M］.北京：中国建筑工业出版社，2020.

罗仕鉴，沈诚仪，卢世主.群智创新时代服务设计新生态［J］.创意与设计，2020（4）：30–34.

罗仕鉴，田馨，房聪，等.群智创新驱动的数字原生设计［J］.美术大观，2021（9）：129–131.

罗仕鉴.超学科，超设计［J］.设计，2021，34（20）：66–69.

罗仕鉴.讲中国的故事，做世界的产品［N/OL］.人民日报，2021–07–27［2021–12–27］.http://paper.people.com.cn/rmrb/html/2021–07/27/nbs.D110000renmrb_13.htm.

罗仕鉴.群智创新：人工智能2.0时代的新兴创新范式［J］.包装工程，2020，41（6）：50–56+66.

罗仕鉴.群智设计新思维［J］.机械设计，2020，37（3）：121–127.

罗英杰.全球能源治理：发展、动因与前景［J］.国际论坛，2014，16（3）：42-48.

马浩.开放式创新的浪漫与虚妄［J］.清华管理评论，2019
（Z1）：38-45.

马骏，张文魁，张永伟，等.美国制造业创新中心的运作
模式与启示［J］.发展研究，2017（2）：4-7.

马振华.美国工业化的演进研究与启示［D］.西安：西北大
学，2017.

秦朔.中国企业家，路在何方？［EB/OL］.（2021-12-14）
［2022-01-01］.https://new.qq.com/omn/20211215/20211215A0CA6300.
html.

清华大学设计战略与原型创新研究所.中国工业设计园区
基础数据统计研究［M］.北京：清华大学出版社，2015.

清华大学深圳研究生院物流与交通学部.德国、美国、中
国：工业4.0的研究［EB/OL］.（2020-09-01）［2022-01-01］.
https://zhuanlan.zhihu.com/p/210200600.

三浦展.第4消费时代：第1版［M］.马奈，译.上海：东
方出版社，2014.

沙利文，头豹研究院.中国未来50年产业趋势洞察白皮书
［EB/OL］.（2021-11- 25）［2022-01-01］.https://pdf.dfcfw.com/
pdf/H3_AP202112061533147218_1.pdf?1638799375000.pdf.

设计管理协会.设计管理欧美经典案例［M］.北京：北京
理工大学出版社，2004.

申佳平，吕骞. 168家！工信部公布2021年度国家小微企业创业创新示范基地名单［N/OL］. 人民网，（2021-12-08）［2022-01-01］. http://finance.people.com.cn/n1/2021/1208/c1004-32302620.html.

石丽雯，郭伟，张静，等. 群智项目创新潜力的影响因素研究［J］. 包装工程，2021，42（24）：13-21.

市界. NFT，今年最烧脑的一场财富大冒险［EB/OL］.（2021-12-22）［2022-01-01］. https://36kr.com/p/1538409034638854.

苏楠. 中美制造业战略比较研究及启示［J］. 全球科技经济瞭望，2019，34（5）：1-10.

隋璐怡. YouTube社交平台网红传播力分析：兼论李子柒海外走红的案例启示［J］. 国际传播，2020（1）：78-87.

孙明. 基于中国传统文化现代价值的开发设计研究［D］. 上海：东华大学，2010.

孙芃. 美国制造业对中国的启示：数字化制造［J］. 中国高新技术企业，2015（18）：3-4.

孙韶华，王文博. 我国电子商务"领跑"部分领域［EB/OL］.（2018-06-22）［2022-01-01］. https://baijiahao.baidu.com/s?id=1603964252594543142&wfr=spider&for=pc.

孙少婧，苑丰彪，王淑玲，等. 动力集中动车组牵引传动系统设计研究［J］. 铁道机车与动车，2014（8）：3.

汤姆森. 环保利于企业发展［J］. 薛立胜，译. 商业周刊，2006（6）：4.

陶宇. 知识产权保护与研发投入、公司绩效：基于A股信息技术行业上市公司［D］. 北京：首都经济贸易大学，2017.

同济大学，特赞设计人工智能实验室. 2017 设计与人工智能报告［EB/OL］.（2017–04–28）［2022–01–01］. http://idrc.xhu.edu.cn/71/55/c3731a94549/page.htm.

同济大学，特赞设计人工智能实验室. 2018 设计与人工智能报告［EB/OL］.（2018–04–21）［2022–01–01］. https://m.ui.cn/details/352559.

同济大学，特赞设计人工智能实验室. 设计人工智能的"B面"［EB/OL］.（2021–12–07）［2022–01–01］. https://www.tezign.com/page/2021/12/07/design–and–ai–report–2018/.

王安邦，孙文彬，段国林. 基于数字孪生与深度学习技术的制造加工设备智能化方法研究［J］. 工程设计学报，2019，26（6）：666–674.

王德显，王跃生. 美德先进制造业发展战略运行机制及其启示［J］. 中州学刊，2016（2）：33–37.

王芳. "中国制造 2025"视角下工科院校人才培养模式的研究［J］. 现代交际，2018（20）：116–117.

王冠云. 数字化设计与制造技术驱动的设计创新方法研究与实践［D］. 杭州：浙江大学，2016.

王海燕，梁洪力，张寒．美国制造拓展伙伴计划的新动向及其对我国创新方法工作的启示［J］．中国软科学，2015（1）：59-66．

王吉伟．从产业链、架构和技术三个层面，看元宇宙与RPA的发展关系［EB/OL］．（2021-09-26）［2022-01-01］．https://baijiahao.baidu.com/s?id=1711956788698589549&wfr=spider&for=pc．

王晶．美国先进制造政策分析及对我国的启示［J］．信息通信技术与政策，2019（3）：58-60．

王亮．工业原创设计与核心竞争力研究：以杭商文化创意企业杭州瑞德设计公司为例［J］．杭州研究，2015（2）：165-172．

王新超．儒家传统与现代管理［J］．互联网经济，2016（Z2）：82-87．

王雅琴．浅析中国传统文化对消费者行为的影响［J］．中国商界（下半月），2009（9）：378．

王洋洋．群智创新过程中用户行为与创新项目协同演进研究［D］．天津：天津大学，2018．

王媛媛，张华荣．G20国家智能制造发展水平比较分析［J］．数量经济技术经济研究，2020，37（9）：3-23．

韦康博．国家大战略：从德国工业4.0到中国制造2025［M］．北京：现代出版社，2016．

维甘提．第三种创新：设计驱动式创新如何缔造新的竞争法则［M］.戴莎,译.北京:中国人民大学出版社,2014.

瓦格,卡格,伯特瑞特,等.创新设计:如何打造赢得用户的产品、服务与商业模式［M］.吴卓浩,郑佳朋,译.北京:电子工业出版社,2014.

吴超鹏,唐莳.知识产权保护执法力度、技术创新与企业绩效:来自中国上市公司的证据［J］.经济研究,2016,51(11):125–139.

吴琼,李云,曹程,等.交互设计还是工业设计:苹果公司设计师弗雷迪·安祖尔斯访谈［J］.装饰,2010(1):24–29.

吴声.超级IP:互联网新物种方法论［J］.中国商界,2016(7):122.

吴彤,李建庄.对美国制造业重振雄风的政策认知过程的系统透视［J］.清华大学学报(哲学社会科学版),2003(2):56–65.

吴晓波,陈小玲,李璟琰.战略导向、创新模式对企业绩效的影响机制研究［J］.科学学研究,2015,33(1):118–127.

吴毅.吴毅:交互设计师应具备四大源技能及进阶方向［J］.设计,2019,32(8):64–66.

西贝尔.认识数字化转型［M］.毕崇毅,译.北京:机械工业出版社,2021.

详解元宇宙的7层产业链［EB/OL］.(2022–05–23)［2022–05–29］.https://mp.weixin.qq.com/s/I4DGqsFA0jtTW–

XvH2Gskg.

项飚. 全球"猎身": 世界信息产业和印度的技术劳工 [M]. 王迪, 译. 北京: 北京大学出版社, 2012.

肖旺群. 高端装备工业设计创新研究与实践 [M]. 上海: 华东理工大学出版社, 2019.

肖旭, 戚聿东. 产业数字化转型的价值维度与理论逻辑 [J]. 改革, 2019 (8): 61-70.

谢伏瞻. 2021 年中国经济形势分析与预测 [M]. 北京: 社会科学文献出版社, 2020.

谢康, 肖静华, 邓弘林. 数字孪生驱动的企业战略场景建模与决策分析 [J]. 中国信息化, 2019 (2): 7-13.

谢倩. "5G+工业互联网"赋能制造业转型升级 [J]. 中国电信业, 2020 (8): 18-21.

谢雄标. 企业文化管理体系初探 [J]. 商业研究, 2005 (18): 190-192.

新望. 制造新格局: 30 位知名学者把脉中国制造 [M]. 北京: 电子工业出版社, 2021.

邢帆. 数字孪生技术或助智能制造加速发展 [J]. 中国信息化, 2018 (4): 6.

熊丙奇. 把握数字经济发展趋势和规律 推动我国数字经济健康发展 [N/OL]. 光明日报, 2021-10-20 [2022-01-01]. https://epaper.gmw.cn/gmrb/html/2021-10/20/

nw.D110000gmrb_20211020_1-01.htm.

熊友君.移动互联网思维:商业创新与重构[M].北京:机械工业出版社,2015.

徐广林,林贡钦.工业4.0背景下传统制造业转型升级的新思维研究[J].上海经济研究,2015(10):107-113.

徐兴,李敏敏,李炫霏,等.交互设计方法的分类研究及其可视化[J].包装工程,2020,41(4):43-54.

徐轶遵."众创、众包、众扶、众筹"与成长企业创新[J].中国科技产业,2016(1):86-87.

徐正.弓网电弧多参数在线监测系统研究[D].成都:西南交通大学,2019.

许平.工业设计助力制造强国[N/OL].人民日报,2019-07-15[2022-01-01].http://ip.people.com.cn/n1/2019/0715/c179663-31233868.html.

学习时报.法国发布"未来工业"计划[J].学习时报,2015.

颜其锋,何人可.基于"虚拟企业"的设计管理模式[J].包装工程,2002(3):139-140.

央视新闻.继续领跑!2020年中国专利申请量稳居世界第一[EB/OL].(2021-03-02)[2022-01-01].https://wap.peopleapp.com/article/6145468/6051745.

杨杰.网易资深高手:交互设计师必备的9种能力[EB/

OL〕.（2017-12-03）〔2022-01-01〕. https://www.uisdc.com/interactive-design-9-ability-top.

杨君顺，杜鹤民. 基于设计管理的有效沟通方式的建立〔J〕. 包装工程，2007（2）：117-118+126.

杨君顺，沈浩，李雪静. 设计管理模式的探讨：工业设计管理新模式的研究〔J〕. 陕西科技大学学报（自然科学版），2003（2）：98-100.

杨君顺，唐波. 设计管理理念的提出及应用〔J〕. 机械，2003（S1）：168-170.

杨晓龙，李碧芳，刘戒骄. 美国加强制造业的策略选择及启示〔J〕. 当代经济研究，2012（6）：21-26.

杨伊静. 打造包容性数字经济模式 推动中国经济高质量发展：中国信通院发布《中国数字经济发展白皮书（2020 年）》〔J〕. 中国科技产业，2020（8）：5-7.

姚尧. 新能源汽车：2018，破立之间〔J〕. 中国经济信息，2017（24）：60-63.

叶根军. 叶根军：工业设计已成为长虹创新体系的发动机〔J〕. 设计，2019，32（6）：63-65.

叶振宇. 美国制造业带发展的历史经验与启示〔J〕. 中国发展观察，2014（11）：84-86.

以人为本，东风 Honda 用心诠释安全理念〔J〕. 汽车纵横，2012（4）：125.

殷明. 空间信息安全规范发展研究［J］. 电脑知识与技术，2020，16（2）：40-46.

元宇宙：基础知识（二）［EB/OL］.（2022-02-18）［2022-03-27］. https://blog.csdn.net/wuquanl/article/details/123003091.

袁航，傅雅琪. 智慧能源体系驱动能源转型与结构调整：访《智慧能源体系》作者中国农业大学领军教授杜松怀、兼职教授博士童光毅［J］. 农电管理，2020（10）：40-42.

曾山，胡天璇，江建民. 浅谈设计管理［J］. 江南大学学报（人文社会科学版），2002（1）：103-105.

曾一果，时静. 从"情感按摩"到"情感结构"：现代性焦虑下的田园想象：以"李子柒短视频"为例［J］. 福建师范大学学报（哲学社会科学版），2020（2）：122-130+170-171.

张钹. 人工智能进入后深度学习时代［J］. 智能科学与技术学报，2019，1（1）：4-6.

张传坤，牛文东，赵舒铭，等. 全球能源短缺调查及思考［J］. 国网技术学院学报，2019，22（2）：36-38.

张恒梅. 当前中国先进制造业提升技术创新能力的路径研究：基于美国制造业创新网络计划的影响与启示［J］. 科学管理研究，2015，33（1）：52-55.

张金林. 激发数字经济"牵引力"：新论［N/OL］. 人民日报，2020-01-02［2022-01-01］. http://finance.people.com.cn/n1/2020/0102/c1004-31531689.html.

张丽娟. 韩国发布《制造业复兴发展战略蓝图》[J]. 科技中国, 2019（12）: 98-99.

张梅. 中国版权保护研究［M］. 苏州: 苏州大学出版社, 2008.

张鸣驹. 跨文化传播中产品策略分析: 以星巴克的中国元素营销为例［J］. 现代营销（下旬刊）, 2019（10）: 74-75.

张宁. 创作者［M］. 湖南: 湖南文艺出版社, 2021.

张其仔, 郭朝先, 白玫, 等. 中国产业竞争力报告（2014）No.4［M］. 北京: 社会科学文献出版社, 2014.

张文欣. 6G: 真正实现"万物互联"［J］. 检察风云, 2019（23）: 34-35.

张晓涛. 中美制造业振兴战略比较研究［J］. 人民论坛·学术前沿, 2016（16）: 48-59.

张亚豪, 李晓华. 美国重振制造业的动因与效果研究［J］. 当代经济管理, 2015, 37（6）: 59-69.

张益丰, 孙文浩. 高技术产业与科技研发人才: 集聚形态、影响机制及演化路径［J］. 中国人力资源开发, 2018, 35（3）: 104-116.

张翼燕. 韩国发布《5G+战略》［J］. 科技中国, 2019（7）: 85-87.

张玉利, 陈立新. 中小企业创业的核心要素与创业环境分析［J］. 经济界, 2004（3）: 29-34.

赵闯，陈劲，薛澜.用知识管理打造企业核心能力：从C919首飞成功看中国商飞的"双屏创新"［J］.清华管理评论，2017（5）：35–39.

赵丽芬.美国和日本产业转型升级的经验与启示［J］.产业经济评论，2015（1）：100–104.

赵满满.元宇宙，现实与虚拟交互的新一代互联网？［EB/OL］.（2021–08–16）［2022–01–01］.https://36kr.com/p/1357249363870343.

赵晓明.2016中国国际专利申请数激增45% 今年赶日明年超美［EB/OL］.（2017–03–16）［2022–01–01］.https://www.guancha.cn/economy/2017_03_16_399088.shtml.

赵玉箫.基于消费者行为分析的CH电视线上营销策略分析［D］.成都：电子科技大学，2018.

郑翔洲，叶浩.资本与商业模式顶层设计：互联网时代如何发现企业高利润区［M］.北京：电子工业出版社，2014.

智春丽.增强文化自觉 坚定文化自信［N/OL］.人民日报，2021–12–12［2022–01–01］.https://baijiahao.baidu.com/s?id=17204431004077578214&wfr=spider&for=pc.

中国电子信息产业发展研究院.2018—2019年中国工业互联网发展蓝皮书［M］.北京：电子工业出版社，2019.

中国电子信息产业发展研究院.2019—2020年中国互联网产业发展蓝皮书［M］.北京：电子工业出版社，2020.

中国电子信息产业发展研究院. 2019—2020 年中国中小企业发展蓝皮书［M］.北京：电子工业出版社，2019.

中国制造 2025［J］.船舶标准化与质量，2015（3）：2-15.

钟利荣.中小企业文化建设存在的问题及策略［J］.科技经济导刊，2019（29）：2.

仲平，秦媛.美国制造业拓展伙伴计划运行模式及启示［J］.全球科技经济瞭望，2016，31（10）：6-11.

周锐.国家发改委：2020 年中国汽车产销将达 2500 万辆左右［EB/OL］.（2020-12-16）［2022-01-01］. http://www.ce.cn/cysc/newmain/yc/jsxw/202012/16/t20201216_36123873.shtml.

周泰云.创新政策与企业研发投入：来自中国上市公司的证据［J］.技术经济，2020，39（9）：170-180.

周雅恬，饶晔，刘润生.德国出台新的高技术战略［J］.科学中国人，2015（1）：22-24.

朱方明，陈中伟，贺立龙.提高传统优势企业竞争力的思路与对策［J］.经济纵横，2014（1）：13-16.

朱焕焕，陈志.从"国家制造业创新网络"到"美国制造"：美国制造业战略的延续与变化［J］.全球科技经济瞭望，2019，34（2）：1-6.

朱庆祥.基于虚拟设计部的小微企业设计管理模式研究［J］.设计，2019，32（21）：100-102.

朱上上，罗仕鉴.产品设计中基于设计符号学的文物元素再造［J］. 浙江大学学报（工学版），2013，47（11）：2065-2072.

朱星华. 美国AMP计划的内容、政策措施及启示［J］. 全球科技经济瞭望，2012（2）：61-67.

庄晨怡. 面向制造企业全生命周期的数字孪生研究综述［J］. 软件工程与应用，2021，10（3）：365-371.

庄宗明，孔瑞. 美国制造业变革的特征及其影响［J］. 世界经济，2006（3）：90-96.